Karin Palmu

Prüfungswissen kompakt
Bürokaufmann/Bürokauffrau

3. Auflage

Bestellnummer 27452

Bildungsverlag EINS

Haben Sie Anregungen oder Kritikpunkte zu diesem Produkt?
Dann senden Sie eine E-Mail an 27452_003@bv-1.de
Autoren und Verlag freuen sich auf Ihre Rückmeldung.

www.bildungsverlag1.de

Bildungsverlag EINS GmbH
Hansestraße 115, 51149 Köln

ISBN 978-3-427-**27452**-0

Vorwort

Prüfungswissen kompakt für Bürokaufmann/Bürokauffrau hilft Ihnen bei der schnellen Prüfungsvorbereitung. Es liefert Ihnen eine strukturierte Übersicht über den aktuellen prüfungsrelevanten Stoff, und zwar nicht nur für den Ausbildungsberuf Bürokaufmann/Kauffrau, sondern ebenfalls für das Berufsbild Kaufmann/Kauffrau für Bürokommunikation.

Der Titel gliedert sich in elf Kapitel, denen jeweils eine einleitende Übersichtsseite vorangestellt ist. Die grafische Aufbereitung dieser Übersichtsseiten verdeutlicht Abläufe und Zusammenhänge und bietet Ihnen die wichtigsten Lerninhalte auf einen Blick. Die einzelnen Lerninhalte finden Sie im jeweiligen Kapitel kurz und kompakt beschrieben.

Mit *Prüfungswissen kompakt für Bürokaufmann/Bürokauffrau* bereiten Sie sich nicht nur schnell und zielgerichtet auf Ihre Prüfung vor, sondern auch auf den Unterricht des selbstgesteuerten Lernens. Verwenden Sie den Titel daher ebenso zur gezielten Wiederholung einzelner Themen wie auch als Nachschlagewerk.

Karin Palmu

Inhaltsverzeichnis

1 Grundlagen des Wirtschaftens

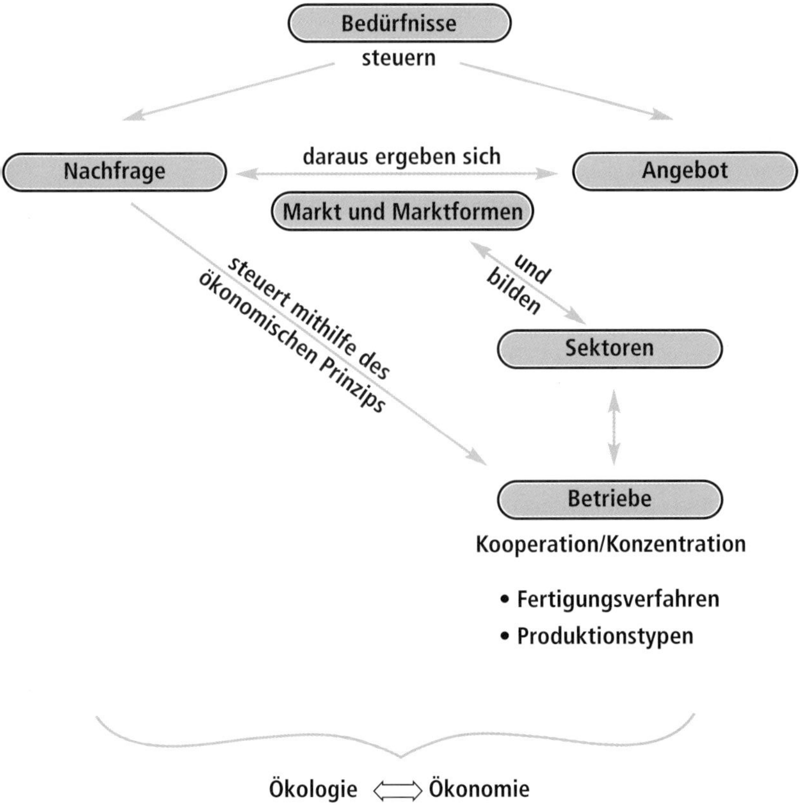

1.1 Bedürfnisse

▶ Vielzahl von Wünschen und Mangelempfinden, die einem ständigen Wandel unterliegen und abhängig sind von Alter, Bildungsgrad, Umwelt und Einkommen

Formen von Bedürfnissen

- Materielle Bedürfnisse werden mit Preisen bewertet (Auto).
- Immaterielle Bedürfnisse können nicht mit Preisen bewertet werden (Macht, Anerkennung, Gesundheit).
- Existenzbedürfnisse müssen zuallererst gedeckt werden (Hunger, Durst, Kleidung).
- Kultur-/Luxusbedürfnisse: Streben nach Waren, Dienstleistungen, deren Fehlen zuvor nicht bewusst war (teure Urlaubsreisen)
- Individualbedürfnisse: unterschiedlich zwischen Personen (Essen)
- Kollektivbedürfnisse: Wünsche einer Personengruppe, können nur durch die Gemeinschaft erfüllt werden (Bildung).

Daraus ergibt sich die **Nachfrage**:

▶ Absicht einer Person, eine bestimmte Menge eines Gutes zu kaufen, wenn das Preis-Leistungs-Verhältnis in ihren Augen stimmt. Die Summe aller individuellen Nachfragen stellt die Gesamtnachfrage nach diesem Gut dar. Sie wird durch folgende Faktoren bestimmt: Preis, das zur Verfügung stehende Einkommen (Konsumsumme) und die Preise anderer Güter.

Um die Nachfrage zu befriedigen, müssen Güter in Betrieben hergestellt und vertrieben werden. Dazu bedarf es verschiedener Unternehmen, wobei man verschiedene **Sektoren** unterscheidet:

Primärer Sektor	Urerzeugung, z. B. Öl- und Gasgewinnung
Sekundärer Sektor	Weiterverarbeitung, z. B. Industrie/Handwerk
Tertiärer Sektor	Handel/Dienstleistung, z. B. Bank, Verkehr
Quartärer Sektor	Öffentlicher Dienst, z. B. Bundespresseamt
Quintärer Sektor	Private Haushalte, z. B. Abfallwirtschaft

1.2 Unternehmen oder Betriebe

▶ Technische, soziale, wirtschaftliche, organisatorische, umweltbezogene oder rechtliche Einheit, die Güter zur Deckung eines Bedarfs erstellt, dazu selbstständig Entscheidungen trifft und dafür die Risiken trägt. Die Globalisierung und die neuen Organisationsformen von Betrieben verändern allerdings die bisherige Definition.[1]

Betriebe werden in unterschiedliche gesellschaftliche Bereiche eingebunden; alle Bereiche sind wiederum untrennbar miteinander verbunden:

Soziologie	Ökonomie	Technik (Innovation)
Ökologie (Umweltschutz)	Recht (Verbraucherschutz)	Gesellschaftspolitik

Daraus ergeben sich für den Betrieb auch unterschiedliche **Interessengruppen**:

Eigentümer/ Anteilseigner	Manager	Arbeitnehmer	Gläubiger
Lieferant	Kunde	Staat	Öffentlichkeit

1.2.1 Ziele erwerbswirtschaftlicher Betriebe

Wirtschaftliche Ziele	Soziale Ziele	Ökologische Ziele	Gesellschaftliche Ziele
Erschließung neuer Märkte, Gewinnmaximierung, Sicherung der Liquidität	Sicherung der Arbeitsplätze, Arbeitszufriedenheit	Umweltverträglichkeit (Bsp.: Entsorgung)	Verbesserung von Image und Corporate Identity

1.2.2 Volkswirtschaftliche Aufgaben von Betrieben

▶ Durch den Einsatz von **volkswirtschaftlichen Produktionsfaktoren** (Boden, Arbeit, Kapital) und **betriebswirtschaftlichen Produktionsfaktoren** (ausführende Arbeit, Betriebsmittel = Elementarfaktoren und planende Arbeit = dispositiver Faktor) werden Sachgüter und Dienstleistungen erzielt, die der Befriedigung von Bedürfnissen dienen.

[1] *Vgl. Lexikon der Betriebswirtschaft, Beck, 2000, S. 122*

Dabei handeln Betriebe nach dem **ökonomischen Prinzip**:

Minimalprinzip	Maximalprinzip
Eine bestimmte Leistung wird mit möglichst geringen Mitteln erzielt.	Mit vorhandenen Mitteln wird die größtmögliche Leistung erzielt.

Die Unternehmen unterbreiten den Kunden ein **Angebot**:

▶ Absicht einer Person, eine bestimmte Menge eines bestimmten Gutes zu einem bestimmten Preis zu verkaufen. Die Summe aller Angebote eines Gutes stellt das Gesamtangebot dar. Bestimmungsfaktoren für Angebote sind: Preis, Preise der Produktionsfaktoren, z. B. Bodenpreise, Preise der Konkurrenten, technisches Know-how und Gewinnerwartungen.

Markt und Marktformen

Den Platz, auf dem sich Angebot und Nachfrage treffen, bezeichnet man auch als Markt. Je nach Güterart, Organisation und Zugangsmöglichkeiten unterscheidet man folgende Märkte:

- Faktormarkt (Arbeits- und Kapitalmarkt)
- Gütermarkt (Sachgüter und Dienstleistungen)
- organisierter Markt (Flohmärkte)
- nicht organisierter Markt (eBay)
- offener Markt (freier Marktzutritt)
- geschlossener Markt (Großmärkte)
- regionaler, nationaler, internationaler Markt

Anbieter / **Nachfrager**	Einer	Wenige	Viele
Einer	Bilaterales Monopol	Beschränktes Nachfragemonopol	Nachfragemonopol
Einige	Beschränktes Angebotsmonopol	Bilaterales Oligopol	Nachfrageoligopol
Viele	Angebotsmonopol	Angebotsoligopol	Polypol

1.3 Der Wirtschaftskreislauf

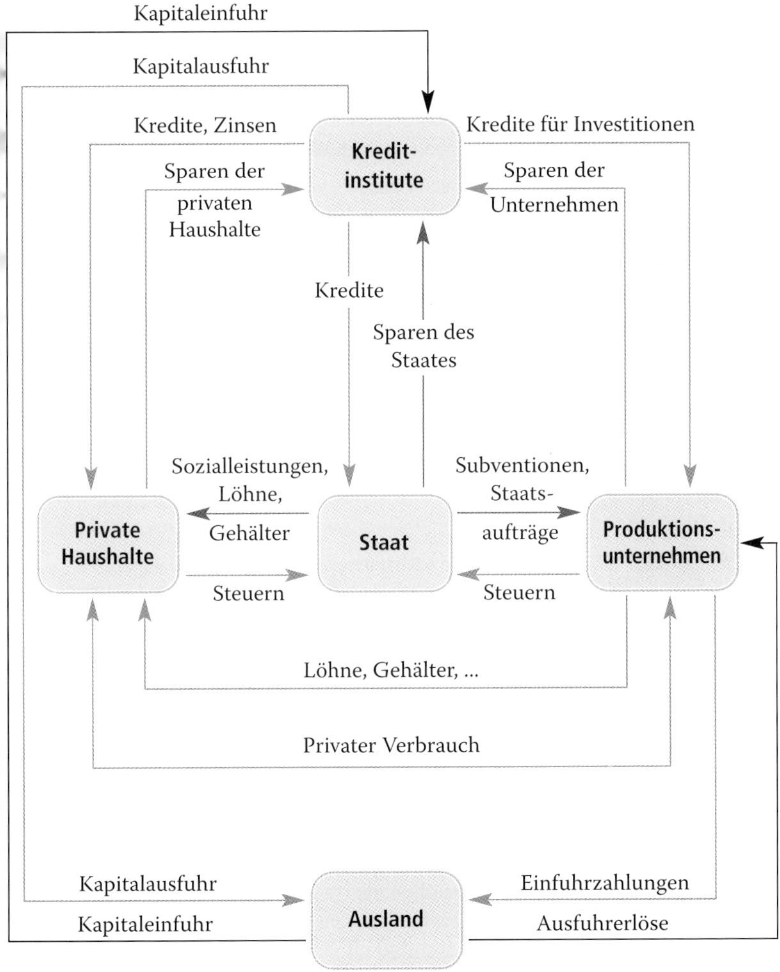

Quelle: Bundesverband deutscher Banken (Hrsg.), Schule/Bank – Wirtschaft. Materialien für den Unterricht, Köln 1994

1.4 Arbeitsteilung

- Aufsplittung eines Arbeitsprozesses in Teilprozesse

Betriebliche Arbeitsteilung ⟺ Überbetriebliche Arbeitsteilung

Abteilungen	z. B. Einkauf, Lager, Verkauf
Analyse nach Tätigkeiten	Angebotsvergleich, Wareneingang, Belegkontierung
Berufliche Arbeitsteilung	z. B. Berufsbildung: Jurist (Fachanwalt für Arbeitsrecht, Familienrecht u. Ä.)
Volkswirtschaftliche Arbeitsteilung	z. B. Urproduktion (Landwirtschaft), Weiterverarbeitung (Handwerk), Dienstleistungen (Kreditinstitute)
Internationale Arbeitsteilung	z. B. Rohstoffländer, High-Tech-Länder, bedingt durch den weltweit günstigsten Standort (Globalisierung)

1.5 Wirtschaftssubjekte

Privater Haushalt	Konsum/Sparen	Befriedigung von Bedürfnissen durch Arbeitstätigkeit und Konsum von Gütern
Unternehmen	Produktion von Sachgütern und Dienstleistungen	Gewinnmaximierung, Einflussnahme auf Märkte, Kostendeckung
Staat	Einnahme von Steuern und Gebühren sowie Bereitstellung von Dienstleistungen	Gewährleistung von Sicherheit der Bürger, Unterhalt von Sport- und Schuleinrichtungen

1.6 Kooperation und Konzentration = Unternehmenszusammenschlüsse

- horizontal (gleiche Unternehmen, gleiche Handelsstufe)
- vertikal (vorgelagerte oder nachgelagerte Handelsstufen)
- diagonal (branchenfremde Handelsstufen)
- nach dem Grad ihrer Selbstständigkeit gegliedert (Arbeitsgemeinschaft, Konsortium, Interessengemeinschaft, Kartell, Fusion)

Folgende Gründe sprechen für eine Kooperation bzw. Konzentration:

- kostengünstige Forschung und Entwicklung
- Risikostreuung
- Ausschluss von Wettbewerbern
- neue Beschaffungs-/Absatzmärkte
- Produktionsauslastung wird verbessert
- Ausnutzung von Produktionsvorteilen
- bessere Kapitalausnutzung

1.7 Fertigungsverfahren/Produktionstypen

Fertigungsverfahren oder Produktionstypen kennzeichnen die Systematisierung von Herstellungsprozessen entweder nach der Häufigkeit oder nach der Organisation der Produktherstellung.

Fertigungsverfahren nach der Häufigkeit der Herstellung	Fertigungsverfahren nach der Organisation der Produktherstellung
Einzelfertigung = Es wird immer nur eine Produktart hergestellt, entweder **sukzessiv**, d. h. zeitlich nacheinander (Schiffbau), oder **simultan**, d. h. gleichzeitig (Glasherstellung).	**Werkstattfertigung** = Es wird ein Produkt mit speziellen Werkzeugen an einer oder mehreren Werkstätten hergestellt (Schuhreparatur).
Mehrfachfertigung = Verschiedene Produkte werden nacheinander oder gleichzeitig hergestellt.	**Fließfertigung** = Arbeitsplätze und Produktionsmittel sind nach dem Ablauf der Produktherstellung angeordnet.
Man unterscheidet folgende Verfahren: 1. <u>Serienfertigung</u> = Unterschiedliche Teile aus unterschiedlichen Rohstoffen werden in größerer Stückzahl gebündelt und hergestellt. Kundenwünsche können berücksichtigt werden (Autoradios). 2. <u>Sortenfertigung</u> = Unterschiedliche Produktsorten werden in verschiedenen Qualitäten, Größen, Formen, Farben hergestellt (Schokoladenherstellung). 3. <u>Massenfertigung</u> = Gleichartige Produkte werden in großer Anzahl hergestellt.	Man unterscheidet folgende Verfahren: 1. <u>Reihenfertigung</u> = Der Produktionsablauf wird der Produktionstechnik angepasst, Reifungsprozesse müssen berücksichtigt werden (Käserei). 2. <u>Fließbandfertigung</u> = Der Produktionsablauf wird in kleine Teilschritte gegliedert; die Arbeitsplätze und Produktionsmittel werden entsprechend angepasst (Automobilindustrie).

Gruppenfertigung

▶ Bildung von Produktionsgruppen, in denen ein Arbeitsteam eine Produktion vorfertigt, ehe sie in die Fließbandfertigung geht.

1.8 Ökonomie und Ökologie

Ökonomie

▶ alle Wechselbeziehungen der Wirtschaftssubjekte

Ziele
- ökonomisches Prinzip
- Gewinnmaximierung
- Wettbewerbsprinzip

Ökologie

▶ alle Wechselbeziehungen zwischen Mensch und Erde

Ziele
- Erhaltung/Schonung natürlicher Ressourcen
- Verhältnis Mensch – Natur

Zielkonflikt zwischen Ökonomie und Ökologie

Um das Handeln nach dem ökonomischen Prinzip und der Gewinnmaximierung durchführen zu können, suchen erwerbswirtschaftlich ausgerichtete Unternehmen international nach günstigen Ressourcen. Dies erfordert den Einsatz von Transporten, die wiederum Ressourcen (Öl) benötigen. Für die Herstellung von Produkten werden ebenfalls nicht erneuerbare Ressourcen benötigt und Schadstoffe ausgestoßen, die die Umwelt belasten. Doch die Vorräte an Rohstoffen und Energieträgern auf der Erde sind begrenzt.

Lösungsansätze

- sparsamer Umgang mit Rohstoffen (Recycling)
- Energiesparmaßnahmen in Unternehmen und Privathaushalten
- Nutzung alternativer Energiequellen (Wind, Wasser)
- Umweltschutzinvestitionen (Dämmung, Rußfilter)
- Umdenken der Gesellschaft zu einem verantwortungsvollen Umgang mit nicht erneuerbaren Ressourcen

2 Personalwesen

Arbeitsbedingungen im Wandel

Personalbedarf

▼

Personalbeschaffung

▼

Personalpflege und -entwicklung

▼

Arbeitsbewertung

▼

Personalverwaltung

▼

Berufliche Ausbildung

Entgeltabrechnung und Buchungen

Gesetzliche Grundlagen (Arbeitsrecht)

2.1 Ziele der Personalwirtschaft

Humane Ziele	Ökonomische Ziele
Motivationssteigerung	Personalkostenersparnis
Bindung an das Unternehmen	Personalbeschaffung
Personalentwicklung	Personalbedarfsplanung

2.2 Personalbedarf

2.2.1 Personalbedarfsplanung als Steuerungsinstrument

Die Personalbedarfsplanung hat die Aufgabe, die Zahl, die Anforderungen und den Einsatzort/-zeitpunkt für jetzige und künftige Mitarbeiter/innen festzulegen. Dabei ist sie von folgenden Einflussfaktoren abhängig:

- jetziger Personalbestand
- technischer Fortschritt
- Unternehmenspolitik
- Rationalisierungsmaßnahmen
- Gewinnerwartungen
- Absatzplanung
- Konjunkturerwartungen
- Tarifabschlüsse

2.2.2 Personalbedarfsrechnung

Beispiel

Istbestand	50
Abgänge aus Altersgründen	6
Abgänge durch z. B. Kündigung	3
Personalbedarf L (6 + 3)	9

2.3 Personalbeschaffung

Ablauf

Extern	Intern
1. Stellenausschreibung mit Anforderungsprofil (Zeitungsannoncen, regional, national, international)	1. Stellenausschreibung mit Anforderungsprofil intern (schwarzes Brett)
2. Bewerbungen sichten	2. Kurzbewerbungen sichten
3. Einladung zum Vorstellungsgespräch bzw. Assessment-Center	3. Auswahl der Bewerber/innen durch Gespräche und Rücksprache mit Betriebsrat – Mitteilung über Stellenumbesetzung an den/die ausgewählte/n Bewerber/innen
4. Vorstellungsgespräch und/oder Eignungstest/Assessment-Center	4. Mitteilung an die nicht ausgewählten Bewerber/innen
5. Auswahl der Bewerber/innen mit Einwilligung des Betriebsrates (Frauenquote?) und Zusageschreiben sowie Mitteilung des Einstellungsdatums	5. Versetzung des/r Ausgewählten in die neue Abteilung und Eintrag über Veränderung in der Personalakte
6. Absageschreiben an die nicht ausgewählten Bewerber/innen	
7. Anforderung von Einstellungsunterlagen: - Lohnsteuernachweis - Sozialversicherungsnachweis - fehlende Zeugnisse - ggf. Führungszeugnis - ggf. Gesundheitszeugnis und Anfertigung der *Personalakte*	
8. Am Tag der Einstellung: Einweisung an den neuen Arbeitsplatz, Bekanntmachung mit Vorgesetztem/r und Kollegen/innen	
9. Probezeit beginnt (i. d. R. sechs Monate)	

2.4 Arbeitsvertrag

▶ Unterliegt keinen gesetzlichen Formvorschriften. Der Arbeitgeber ist gemäß Nachweisgesetz verpflichtet, die wesentlichen Vertragsbedingungen schriftlich niederzulegen und dem Arbeitnehmer zu übergeben.

Inhalt

- Name, Anschrift der Vertragspartner
- Beginn (ggfs. auch Ende) des Arbeitsvertrages
- Arbeitsort
- Arbeitszeit
- Arbeitsentgelt
- Urlaubsanspruch
- Kündigungsfrist
- Tätigkeitsbeschreibung
- ggfs. Hinweis auf tarifliche Vereinbarungen

Daraus ergeben sich folgende **Rechte** und **Pflichten**:

Pflichten Arbeitnehmer = Rechte Arbeitgeber	Pflichten Arbeitgeber = Rechte Arbeitnehmer
Dienstleistungspflicht (§ 59 HGB)	Vergütung (§ 64 HGB)
Verschwiegenheit (§ 17 UWG)	Fürsorge (§ 62 HGB, §§ 1 ff. ArbSchG, § 618 BGB)
Wettbewerbsverbot (§ 60 HGB, §§ 74 ff. HGB)	Urlaub (BundUrlG)
Haftpflicht	Zeugnis (§ 73 HGB) einfach, qualifiziert
Treuepflicht	

2.5 Personalpflege und -entwicklung

Zielsetzung

- langfristige Bindung der Mitarbeiter/innen an das Unternehmen
- Mitarbeitermotivation

Maßnahmen zur Personalpflege

- veränderte Entlohnungssysteme (Erfolgsbeteiligung)
- Mitsprache/Mitbestimmung bei Entscheidungen
- langfristige gemeinsame Planung von Entwicklungschancen
- neue Arbeitsbedingungen („Container-Arbeitsplätze“)

- Gesundheitsschutz im Betrieb
- Sportangebote, auch in Form von Events
- After-Work-Partys
- Weiterentwicklung der Aus-, Fort- und Weiterbildung

Ziel ist sowohl eine Motivations- als auch eine Kompetenzsteigerung der Arbeitnehmer/-innen.

Personalbeurteilung

Ziel der Personalbeurteilung ist ein Feedback an die Mitarbeiter/innen und die Motivation und Grundlage für Versetzungen, Lohnerhöhungen und Beförderungen. Man unterscheidet die *summarische Beurteilung*, bei der der Gesamteindruck entscheidend ist, und die *analytische Beurteilung*, bei der verschiedene Kompetenzen festgestellt werden.

Personalbeurteilungsbogen

Name:		Abteilung:		
Beurteilungskriterien	**Note 1**	**Note 2**	**Note 3**	**Note 4**
Arbeitsqualität				
Arbeitsgeschwindigkeit				
Arbeitssorgfalt				
Arbeitsengagement				
Kommunikationsfähigkeit				
Teamfähigkeit				
Verhalten gegenüber Vorgesetzten				
Datum, Unterschrift				

2.6 Arbeitsbewertung

Summarische Arbeitsbewertung

Für alle Tätigkeiten wird jeweils eine Summe gebildet.

Rangfolgeverfahren

Alle Tätigkeiten werden nach ihrem Schwierigkeitsgrad geordnet und bewertet.

Katalogverfahren

Alle Tätigkeiten werden einem Gehaltsgruppenkatalog zugeordnet. Die tariflichen Gegebenheiten helfen bei der Eingruppierung der Tätigkeiten.

Analytische Arbeitsbewertung

Verantwortung	Werkstücke, Betriebsmittel, Arbeitsgüter
Belastung	Psychisch, physisch
Fachkompetenz	Fähigkeiten, Fertigkeiten
Arbeitsbedingungen	Öl, Temperatur, Schmutz, Licht, Lärm u. a.

2.7 Personalverwaltung

Jeder Arbeitgeber führt über seine Mitarbeiter/innen eine Personalakte. Diese ist vertraulich zu behandeln und sicher aufzubewahren. Auskünfte darüber dürfen nur mit Einwilligung der betreffenden Person gegeben werden. Jeder Arbeitnehmer hat ein Recht auf Einsicht in seine Personalakte. Das Bundesdatenschutzgesetz (BDSG) regelt den Umgang mit personenbezogenen Daten.

Inhalt

- Deckblatt
- persönliche Daten (Geburtstag, Anschrift, Familienstand)
- Steuer- und Versicherungsunterlagen
- Bewerbungsunterlagen
- Arbeitsvertrag
- berufliche Entwicklung im Unternehmen
- ggf. Kündigungsschreiben
- Urlaub, Fehlzeiten, Reisekostenabrechnungen

2.7.1 Personaldatenverwaltung

Aufgaben	Inhalt	Form
Erfassung • Pflege • Schutz • Sortierung von Personaldaten	Entgeltabrechnung Statistik Personalbedarfsrechnung	Personaldatenbank

2.7.2 Personalstatistik

▶ Notwendig, um die personelle Situation im Unternehmen über längere Zeit abzubilden und daraus Konsequenzen zu ziehen

Arten

- Personalkostenstatistik
- Personalstrukturstatistik (Alter, Geschlecht, Vorbildung)
- Fehlzeitenstatistik
- Fluktuationsstatistik
- Statistik über Arbeitsproduktivität
- Statistik über Umsatz je Mitarbeiter/-in

Datenschutz und Datenschutzgesetz

▶ Gilt für die Erhebung, Verarbeitung und Nutzung personenbezogener Daten in öffentlichen Stellen des Bundes und der Länder und für nicht-öffentliche Stellen, wenn sie die Dateien geschäftsmäßig oder für berufliche bzw. gewerbliche Zwecke benutzen. Folgende Daten sind schutzwürdig: Krankheitsdaten, Ordnungswidrigkeiten, Religionszugehörigkeit, Lohn- und Gehaltshöhe, Straftaten u. Ä.

2.8 Berufliche Ausbildung

Die berufliche Erstausbildung in staatlich anerkannten Ausbildungsberufen im Sinne des Berufsbildungsgesetzes (BBiG 2005) findet in Form des dualen Ausbildungssystems an zwei Lernorten statt: Berufsschule und Ausbildungsbetrieb.

Rechte und Pflichten gem. BBiG

Rechte des Auszubildenden (Auswahl)	Pflichten des Auszubildenden (Auswahl)
- schriftlicher Ausbildungsvertrag - Probezeit: vier Monate - Recht auf Vermittlung von Fertigkeiten und Kenntnissen - planmäßige Durchführung der Ausbildung - kostenlose Bereitstellung von Arbeitsmitteln - angemessene Vergütung - angemessener Urlaub	- Lernpflicht - Führen eines Berichtshefts - Befolgen von Weisungen - Sorgfaltspflicht - Loyalität gegenüber Unternehmen - Teilnahme an Prüfungen - Berufsschulpflicht - Beachtung der Ausbildungsordnung

Das Berufsbildungsgesetz sieht seit dem 1. April 2005 vor, dass Teile der dualen Ausbildung verstärkt auch im europäischen Ausland absolviert werden können, um die Mobilität und Flexibilität der Auszubildenden zu fördern. (Siehe auch http://www.bibb.de)

2.9 Gesetzliche Grundlagen

Arbeitszeitgesetz (AZG)

▶ Gesetz vom 6. Juni 1994, das die Gesundheit der Arbeitnehmer/-innen und die Sonn- und Feiertagsruhe durch Bestimmung von Höchstarbeitszeiten (40 Std./Woche) schützt und Rahmenbedingungen für flexiblere Arbeitszeiten verbessert. Die tarifliche Arbeitszeit ist i. d. R. im Tarifvertrag festgehalten.

Arbeitszeitmodelle

Altersteilzeit = Rationalisierungsmöglichkeit, bei der ältere Arbeitnehmer/-innen ihre Arbeitszeit verkürzen, entweder im Block oder wöchentlich.	**Bandbreitenmodell** = Arbeitnehmer/-innen können innerhalb einer bestimmten Bandbreite ihre Arbeitszeit verkürzen, um persönliche Interessen wahrzunehmen.
Jahresarbeitszeit = Arbeitnehmer/-innen arbeiten je nach Arbeitsanfall eine bestimmte Jahresarbeitszeit ab.	**Gleitzeit** = Arbeitnehmer/-innen legen innerhalb einer Kernzeit flexibel Beginn und Ende ihrer täglichen Arbeitszeit fest.
Arbeit auf Abruf = Arbeitnehmer/-innen werden ad hoc zu Arbeitseinsätzen gerufen.	**Sabbatjahr** = Arbeitnehmer/-innen sparen Zeit und Lohn an (Überstunden/vorherige Auszahlung eines Teilgehalts), um ein freies Jahr oder einige freie Monate in Anspruch nehmen zu können.

Jugendarbeitsschutzgesetz vom 12. April 1976

▶ Regelt die Beschäftigung von Kindern (bis 14 Jahre) und allen Jugendlichen (bis 18 Jahre) in Berufsausbildung, Praktikum, Volontariat u. a. Die Arbeitszeit von Jugendlichen darf acht Stunden täglich und 40 Stunden wöchentlich nicht überschreiten. Es gilt die Fünf-Tage-Woche. Der Urlaub muss mindestens 30 Tage betragen. Vor Beschäftigung müssen Jugendliche ärztlich untersucht werden.

Betriebsverfassungsgesetz von 1952

▶ Regelt die Informations-, Mitbestimmungs- und Mitwirkungsrechte von Arbeitnehmern für Betriebe der Privatwirtschaft mit mehr als fünf ständigen wahlberechtigten Arbeitnehmern, von denen drei wählbar sind. Vertretungsorgan ist der Betriebsrat.

Betriebsrat (§ 1 ff. BetrVG)

▶ Arbeitet im Vertrauen mit Arbeitnehmern und Arbeitgebern zusammen. Er hat gegenüber Betriebs- und Geschäftsgeheimnissen Geheimhaltungspflicht. Dies gilt auch gegenüber Mitarbeiter/-innen. Wahlberechtigt sind alle Arbeitnehmer über 18, wählbar sind alle Arbeitnehmer, wenn sie mindestens sechs Monate dem Betrieb angehören.

Die **Einigungsstelle** dient zur Lösung von Problemen zwischen Arbeitgeber und Betriebsrat. Sie besteht aus gleicher Anzahl von Beisitzern, die vom Arbeitgeber und Betriebsrat bestellt werden, und einem unparteiischen Vorsitzenden, der von beiden Seiten genannt wird. Für Beschlüsse wird die einfache Mehrheit benötigt.

Mit mehr als 100 ständig beschäftigten Arbeitnehmern ist ein **Wirtschaftsausschuss** zu bilden. Er berät wirtschaftliche Angelegenheiten mit dem Arbeitgeber und besteht aus mindestens drei und höchstens sieben Mitgliedern, die beim Betriebsrat bestimmt werden. Er tritt einmal im Monat zusammen.

In Betrieben mit mehr als zehn leitenden Angestellten werden **Sprecherausschüsse** der leitenden Angestellten gewählt, die mit dem Arbeitgeber vertrauensvoll zusammenarbeiten.

Aufgaben des Betriebsrates

Überwachung von Gesetzen, Unfallverhütungsvorschriften u. a.

- Förderung der Chancengleichheit von Mann und Frau
- Förderung von Vereinbarkeit von Arbeit und Familie im Betrieb
- Förderung der Eingliederung Schwerbehinderter
- Vorbereitung und Durchführung der Jugend- und Auszubildendenvertretung im Betrieb
- Förderung der Integration ausländischer Mitarbeiter/-innen
- Entwicklung von Sozialplänen bei Rationalisierungsmaßnahmen
- Beschluss von Betriebsvereinbarungen
- Abhalten von Sprechstunden während der Arbeitszeit
- Abhalten von Betriebsversammlungen (jedes Kalendervierteljahr)

Rechte des Betriebsrates

In wirtschaftlichen und personellen Angelegenheiten (Rationalisierungsmaßnahmen/Personalfragebögen) hat der Betriebsrat ein Mitwirkungsrecht, in sozialen Angelegenheiten (Urlaubsplanung) ein Mitbestimmungsrecht.

Arbeitsgerichtsbarkeit

► Für Streitfälle zwischen Tarifvertragspartnern oder Arbeitgeber und Arbeitnehmer (Arbeitsgericht, Landesarbeitsgericht, Bundesarbeitsgericht)

Sozialplan

► Ein Sozialplan betrifft den Ausgleich oder die Milderung der wirtschaftlichen Nachteile, die den Arbeitnehmern (mind. 20 Arbeitnehmer) durch Outsourcing und Outplacement oder Insolvenz entstehen (§ 112 BetrVG).

Inhalte (Auswahl)

- Lohnausgleichszahlungen
- Zuschüsse bei Verrentung
- Abfindungen
- Umschulungskosten

2.10 Arbeitsbedingungen im Wandel

Durch die fortschreitende Globalisierung der Wirtschaft sind Fusionen und die Verlagerung von Produktionsstätten in sogenannte Niedriglohnländer üblich geworden. Daraus ergeben sich auch neue Anforderungen in der Personalrekrutierung und -erhaltung. Im Inland werden immer mehr hochqualifizierte Kräfte benötigt, die in der Regel über ein Studium und mehrere Fremdsprachen sowie Berufserfahrung verfügen. Tätigkeiten mit mittlerer und einfacher Qualifikation werden entweder ins Ausland verlagert (Outplacement) oder rationalisiert (Profit-Center im Ausland).

Maxime der international arbeitenden Unternehmen ist die Personalkostensenkung, da die Personalnebenkosten im Inland im Vergleich zum Ausland sehr hoch sind. Mit Zunahme der Unternehmenssprache Englisch sind Mitarbeiter/innen weltweit austauschbar. Auch die Tätigkeit als Homeworker, also von zu Hause aus über Laptop und Internet-Verbindung, nimmt zu (Stichwort: virtuelle Fabrik).

Eine neue Arbeitsweise ist, dass Mitarbeiter/-innen je nach Einbindung in ein fachliches Team keinen festen Arbeitsplatz mehr haben, sondern mit ihrem persönlichen Rollcontainer wöchentlich in den Räumen arbeiten, in denen die Projekte abgewickelt werden.

Dabei stellt der Generationenvertrag, wie er in Deutschland noch vorherrscht, ein großes Problem dar.

Generationenvertrag

Bei dem Generationenvertrag handelt es sich um ein Umlageverfahren zur Finanzierung der Renten. Die junge, arbeitende Generation finanziert durch ihre Beiträge die laufenden Renten der älteren Generation und erwartet, dass ihre Renten später durch die Beiträge der dann nachgewachsenen Generation bezahlt werden. Der Generationenvertrag ist ein unausgesprochener und nicht schriftlich festgelegter Vertrag zwischen diesen Gruppen.

2.11 Entgeltabrechnung

Lohnformen

<table>
<tr><td>Zeitlohn</td><td>Lohn für die tatsächlich verbrachte Zeit im Betrieb;
Bruttolohn = Arbeitsstunden • Stundenlohn</td></tr>
<tr><td>Leistungslohn</td><td>Man unterscheidet Akkordlohn und Prämienlohn.

Akkordlohn
Für die Herstellung eines bestimmten Werkstücks wird ein bestimmter Lohn gezahlt.
<table>
<tr><td>Stückgeldakkord</td><td>Stückzeitakkord</td></tr>
<tr><td>Stückakkordsatz = Akkordrichtsatz/ Normalleistung/ Stunde
Bruttolohn = Stückakkordsatz • Stückzahl</td><td>Zeitakkordsatz = 60 Min.: Normalleistung

Minutenfaktor = Akkordrichtsatz: 60 Min.
Bruttolohn = Stückzahl • Zeitsatz • Minutenfaktor</td></tr>
</table>
Der Prämienlohn unterscheidet sich dadurch, dass zusätzlich zum Grundlohn eine Prämie gezahlt wird.</td></tr>
<tr><td>Soziallohn</td><td>Wird bei Vorliegen besonderer sozialer, familiärer Verhältnisse gezahlt.</td></tr>
<tr><td>Erfolgsbeteiligung</td><td>Sie kann bar oder per Aktien erfolgen oder in Form von bevorzugten Vorsorgefonds, z. B. Rentenkassen der Betriebe.</td></tr>
</table>

Soziale Abgaben

Lohnsteuer	Sonderform der Einkommensteuer Sie ist einkommens- und familienstandsabhängig und wird mithilfe von Lohnsteuertabellen ermittelt. Sie wird vom Arbeitgeber direkt an das Finanzamt abgeführt.
Krankenversicherung	49,55 % Arbeitgeber, 50,45 % Arbeitnehmer[1]
Arbeitslosenversicherung	50 % Arbeitgeber, 50 % Arbeitnehmer
Rentenversicherung	50 % Arbeitgeber, 50 % Arbeitnehmer
Unfallversicherung	Die Unfallversicherung haftet für Arbeitsunfälle und für Wegeunfälle zum und vom Arbeitsplatz. Die Beträge zahlt der Arbeitgeber allein.
Solidaritätszuschlag	Der Solidaritätszuschlag ist ein Zuschlag zur Einkommensteuer und Körperschaftsteuer, der eingeführt wurde, um die Kosten der Wiedervereinigung zu finanzieren. Bemessung und Erhebung des Solidaritätszuschlages wird geregelt durch das Solidaritätszuschlaggesetz vom 15. Oktober 2002 (veröffentlicht im BGBl. Teil I 2002, S. 944, 975). Die Höhe des Solidaritätszuschlags beträgt 5,5 % der Einkommensteuer und der Körperschaftsteuer. Als Vorteil des Solidaritätszuschlages wird eine größere Gerechtigkeit genannt. Der Solidaritätszuschlag soll dabei helfen, eine Angleichung an das Wirtschaftsniveau der alten Bundesländer zu schaffen.
Freiwillige Leistungen der Arbeitgeber	Altersvorsorge, Sonderzahlungen zu öffentlichen Nahverkehrsmitteln u. Ä.

[1] *Die gesetzlichen Krankenkassen senkten ihre Beiträge am 01.07.2005 um 0,9 %, gleichzeitig führte der Gesetzgeber einen Sonderbeitrag von 0,9 % (Aufwendungen Zahnersatz und Krankengeld) ein. Damit ist die paritätische Beitragszahlung zwischen Arbeitgeber und Arbeitnehmer aufgehoben.*

2.12 Personalbuchungen

Löhne und Gehälter sind für Arbeitnehmer Einkommen, für den Arbeitgeber Kosten der Leistungserstellung. Die Lohnsteuer wird aus der Lohnabzugstabelle abgelesen und richtet sich nach der Höhe des steuerpflichtigen Lohnes bzw. Gehaltes und der Steuerklasse, in die der Arbeitnehmer je nach seiner Familiensituation eingruppiert wird.

In der Lohnbuchhaltung wird für jeden Arbeitnehmer ein Lohn- oder Gehaltskonto geführt. Lohn- und Gehaltslisten werden dann als Sammelbeleg geführt.

Bruttolöhne und Bruttogehälter werden im Soll der Konten Löhne und Gehälter (Aufwandskonto) erfasst.

Buchungen

Gehälter
an Bank
an Sonstige Verbindlichkeiten

Arbeitgeberanteil zur Sozialversicherung
an Sozialversicherungs-Verbindlichkeiten

Buchung der Überweisung der Steuern und Sozialabgaben bis zum 10. des nächsten Monats:

Sonstige Verbindlichkeiten (Lohnsteuer)
Sozialversicherungs-Verbindlichkeiten (Arbeitgeber und Arbeitnehmer-Anteil)
an Bank

Passivierung der Verbindlichkeiten:

Sonstige Verbindlichkeiten (Lohnsteuer) an Schlussbilanzkonto[1]
Sozialversicherungs-Verbindlichkeiten an Schlussbilanzkonto

[1] *Schlussbilanzkonto = SBK*

2.13 Kündigung

▶ Einseitige empfangsbedürftige Willenserklärung

Ordentliche Kündigung	Außerordentliche Kündigung
- Kündigungsfristen, die sich aus dem Arbeitsvertrag oder Tarifvertrag ergeben - Kündigungsfrist richtet sich nach Länge der Betriebszugehörigkeit.	- Fristlose Kündigung, die aus folgenden Gründen erfolgt: Diebstahl, dauernde Unpünktlichkeit. Eine Abmahnung ist vorher erforderlich.

Eine Kündigung ist sozial ungerechtfertigt und darf nicht erfolgen, wenn der Kündigungsgrund Alter, Geschlecht, Schwangerschaft oder Behinderung ist. Bei Kündigungen sind Anhörungs- und Mitwirkungsrechte des Betriebsrates zu beachten (§ 102 BetrVG). Für Schwerbehinderte und Mitglieder des Betriebsrates gelten besondere Vorschriften.

Arbeitsverhältnisse enden durch **Kündigung**, durch **Aufhebungsverträge** oder mit **Ablauf der Vertragslaufzeit**.

Inhalt des Kündigungsschreibens:

- Grund der Kündigung (nur bei betriebsbedingten Kündigungen)
- Datum des Inkrafttretens
- Ankündigung der Übersendung der Arbeitspapiere einschließlich Zeugnis
- Höflichkeitsformel/Abschluss

Zu den **Arbeitspapieren** gehören Lohnsteuerkarte und Sozialversicherungsnachweise.

Zeugnis

Entsprechend § 630 BGB, § 73 HGB, § 113 GO und § BBiG hat der Arbeitgeber bei Beendigung des Arbeitsverhältnisses dem Arbeitnehmer auf dessen Verlangen ein qualifiziertes Zeugnis zu erstellen.

Inhalt einfaches Zeugnis	Inhalt qualifiziertes Zeugnis
- Dauer und Tätigkeit der Beschäftigung	- Dauer, Tätigkeit, Güte der Beschäftigung und methodische, soziale Kompetenzen des Mitarbeiters

3 Finanzierung

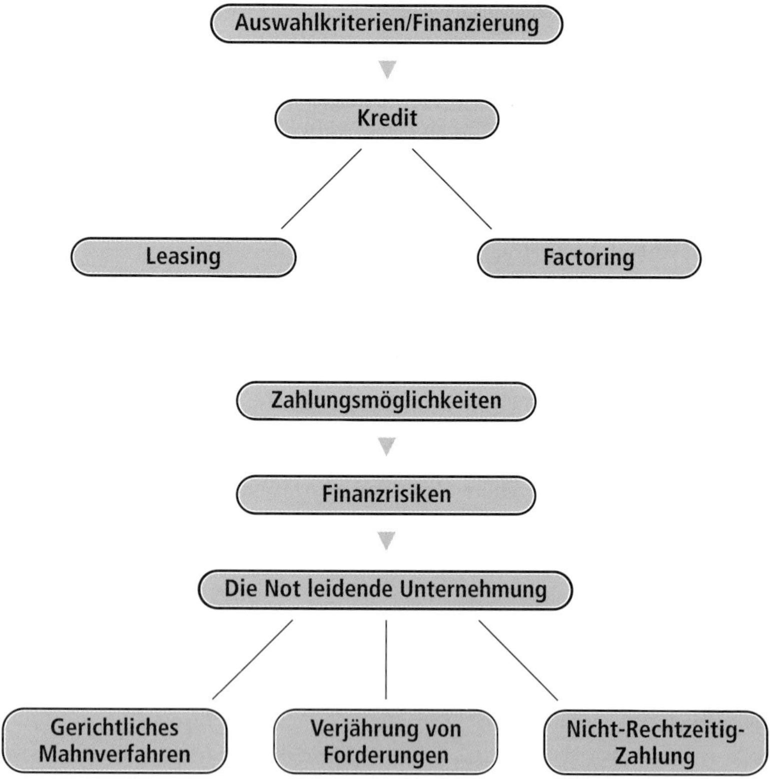

▶ Finanzierung: Alle Maßnahmen eines Unternehmens, die der Beschaffung von Kapital für unternehmerische Tätigkeiten dienen. Die Finanzierung entscheidet über den Erwerb und den Erhalt betrieblicher Vermögenswerte und damit über die Liquidität eines Unternehmens.

Bilanz

Aktiva = Vermögen - Anlagevermögen - Umlaufvermögen	Passiva = Kapital - Eigenkapital - Fremdkapital
Mittelverwendung = Investition	Mittelherkunft = Finanzierung

3.1 Auswahlkriterien/Finanzierung

Rechtsstellung der Kapitalgeber

- Eigenfinanzierung
- Fremdfinanzierung

Form der Finanzierung

Zurückbehaltener Gewinn	Kapitalzuführung alter/neuer Eigentümer	Fremdkapitalaufnahme	Abschreibungen	Verkauf von Anlagegütern
Interne Eigenfinanzierung, Selbstfinanzierung	Externe Eigenfinanzierung, Beteiligungs-Finanzierung	Kredite, Darlehen	Interne Finanzierung durch Steuervorteile	Kapitalfreisetzung

Herkunft des Kapitals

Innenfinanzierung			**Außenfinanzierung**	
Selbstfinanzierung	Kapitalfreisetzung	Rückstellungen	Beteiligungen	Fremdkapitalaufnahme

Zweck

- Neuinvestition
- Ersatzinvestition
- Rationalisierungsinvestition
- Erweiterungsinvestition

Funktion

- Forschung
- Fertigung
- Absatz
- Beschaffung

Vermögensart

- Sachinvestition
- Finanzinvestition
- immaterielle Investition

Finanzplan

▶ Plan zur Sicherstellung der Liquidität eines Unternehmens und zur Einschränkung überflüssiger Zahlungsmittel, um die Rentabilität zu gewährleisten. Durch die Finanzplanung werden vorausschauend finanzielle Engpässe erkannt und gesteuert.

3.2 Absicherung von Finanzrisiken

▶ Zur Absicherung von Finanzrisiken benutzen Unternehmen heute Auskunfteien, die sich auf folgende Sachverhalte beziehen:

- Inhaber/Gesellschafter
- Rechtsform
- Haftungsverhältnisse
- Branche
- Kapitalausstattung
- Mitarbeiteranzahl
- Umsatz
- Gewinn
- Zahlungsverhalten
- Kreditrisiken und Kreditlimits

Kredit

▶ Leihweise Überlassung von Geld oder Waren an einen Schuldner (Debitor) durch einen Gläubiger (Kreditor). Im Kreditvertrag werden sowohl die regelmäßige Rückzahlung der Raten als auch die Zinsmodalitäten bestimmt.

Sicherungsmöglichkeiten von Kreditarten

Personalsicherheit	Personen gewährleisten die Kreditsicherung, die je nach persönlicher Haftung unterschieden wird.
Realsicherheit	Sachen gewährleisten die Kreditsicherung.
Blankokredit	Kreditgewährung ohne besondere Sicherheit (selten)
Eigentumsvorbehalt	Die Ware bleibt bis zur vollständigen Bezahlung das Eigentum des Verkäufers, der Käufer ist Besitzer der Ware.
Verlängerter Eigentumsvorbehalt	Sieht eine Forderungsabtretung vor.
Erweiterter Eigentumsvorbehalt	Der Zugriff des Verkäufers erweitert sich auf andere Gegenstände.

Bürgschaftsvertrag	Zwei Verträge: Kreditvertrag Kreditgeber → Kreditnehmer/Bürge (Bürgschaftsvertrag)
Sicherungsübereignungskredit	Das Eigentum einer beweglichen Sache wird abgetreten.
Zessionskredit	Forderungen des Kreditnehmers werden gegenüber Dritten an den Kreditgeber als Sicherheit abgetreten. Stille Zession: Der Drittschuldner weiß nichts von der Sicherungsabtretung, bei der offenen Zession ist dies bekannt.
Lombardkredit	Pfandrecht: Der Kreditnehmer kann bewegliche Sachen verpfänden. Durch Pfandübergabe geht der Besitz auf den Kreditgeber über, der Kreditnehmer bleibt Eigentümer.
Hypothek	Absicherung einer Forderung durch Dinge, die auch ins Grundbuch eingetragen werden (Häuser).
Grundschuld	Pfandrecht des Kreditgebers an einem Grundstück.

3.3 Leasing

▶ Besondere Form der Vermietung von Gegenständen und Personen

Merkmale

- völlige Fremdfinanzierung, kein Eigenkapitalbedarf
- Leasingraten = Aufwand
- keine Bilanzierung (Anlagevermögen) von Leasingobjekten
- Leasinggegenstand ist Leihgabe und kein Eigentum
- Leasing umfasst auch Dienstleistungen, wie z. B. Wartung.
- Leasing ist geeignet für schnell veraltende Gegenstände, z. B. Computer.

Vor- und Nachteile des Leasings

- keine hohen Anschaffungskosten
- Anpassung an technischen Fortschritt
- Rücknahmeverpflichtung des Leasinggebers
- steuerliche Gesichtspunkte

- eingeschränkter Eingriff in das Objekt (keine Veränderungen möglich)
- umfangreiche Verpflichtungen aus Leasingvertrag
- Kosten bei frühzeitiger Auflösung
- laufende Kosten durch Leasingraten

Inhalt des Leasingvertrages

- Anzahlungshöhe • Laufzeit • Höhe der monatlichen Leasingrate

3.4 Factoring

Ankauf von Forderungen aus Lieferungen und Leistungen durch eine Factoringgesellschaft. Bezieht sich nur auf kurzfristige Forderungen, die gegenüber gewerblichen Debitoren mit längerfristigen Geschäftsbeziehungen bestehen. Anforderungen an Factoringkunden. Sie haben einen bestimmten Umsatz und können möglichst viele Dauerkunden nachweisen.

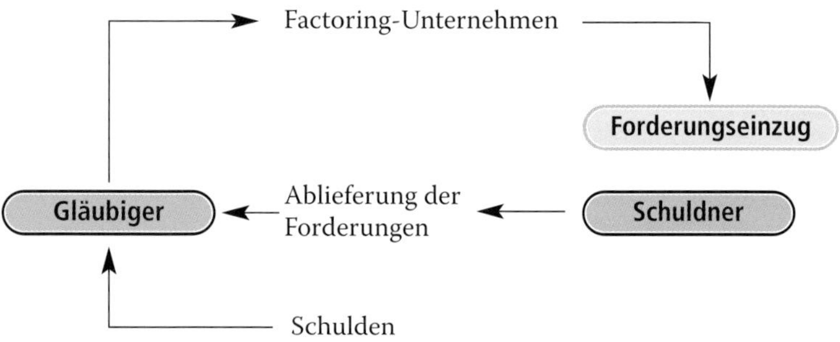

Funktionen

Delkrederefunktion	Risiko des Forderungsausfalls erfolgt mit Ankauf, manchmal wird gesamtes Risiko ausgeschlossen.
Finanzierungsfunktion	Forderungen werden vom Factor direkt bezahlt, Restsumme = Sicherheit.
Dienstleistungsfunktion	Factor übernimmt Verwaltungsdienstleistung (Debitorenbuchhaltung und Mahnwesen).

Vorteile des Factorings

- verbesserte Liquidität
- Freisetzung des Kapitals aus Außenbeständen
- Wegfall von Rücklagen für Forderungsausfall
- Einsparung von Verwaltungsarbeit (Buchhaltung)
- Verbesserung der Bilanzstruktur
- Nutzungsmöglichkeiten von Liefererskonti

3.5 Die notleidende Unternehmung

▶ Unternehmung, die in Zahlungsschwierigkeiten gerät

Merkmale

- Umsatzrückgänge
- Eigenkapital nimmt ab.
- Verluste
- Verschuldung steigt.
- Zahlungsunfähigkeit

Ursachen

Intern	Extern
Fehlorganisation	Konjunkturtief
Controlling ist mangelhaft.	Kunden zahlen nicht.
Fehlplanungen der Geschäftsführung	Rohstoffverknappung
Überkapazität in Lager und Produktion	Nachfrageverlagerung
hohe Privatentnahmen	Gesetzesänderungen
unqualifizierte Mitarbeiter/innen	

Konsequenzen der Unternehmenskrise

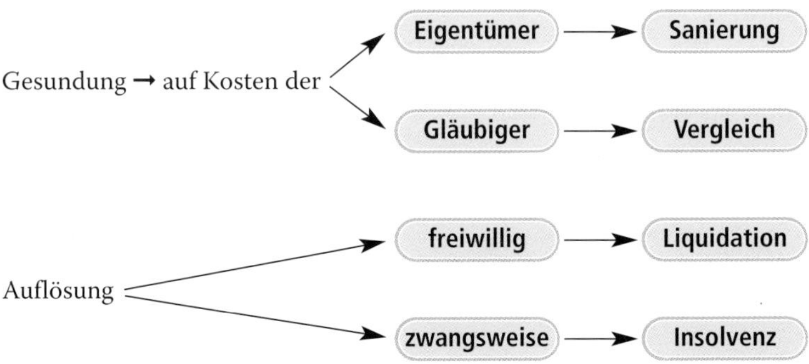

3.6 Zahlungsmöglichkeiten

3.6.1 Zahlungsmittel

- Bargeld (Münzgeld oder Banknoten)
- Buch- oder Giralgeld
- Geldersatzmittel (Scheck, Wechsel)

3.6.2 Zahlungsarten

Barzahlung	Halbbare Zahlung	Bargeldlose Zahlung
Es wird kein Konto benötigt, persönliche Übergabe oder durch Boten.	Zahlungspflichtige oder Zahlungsempfänger benötigen ein Konto (Zahlschein, Nachnahme, Zahlungsanweisung, Barscheck).	Zahlungspflichtige und Zahlungsempfänger benötigen je ein Konto (Überweisung, Lastschrift, EC-Karte, Kredit- bzw. Debitkarte).

Barzahlung	Quittung
Zahlschein	Einzahlung auf das Konto des Empfängers
Nachnahme	Zahlungsbetrag wird vom Zahlungspflichtigen durch Postzustellung entrichtet.
Barscheck	Zahlungspflichtige/r besitzt ein Konto, Anweisung an das Kreditinstitut, den Scheck bei Vorlage einzulösen
Verrechnungsscheck	Wie Barscheck, nur dass der Scheck beim Kreditinstitut als Gutschrift auf dem Konto eingelöst wird
Überweisung	Auftrag eines Kontoinhabers an sein Geldinstitut, Geld von seinem Konto abzubuchen und auf ein anderes Konto zu überweisen; Überweisung kann erfolgen: schriftlich, telefonisch, elektronisch (Homebanking)
Dauerauftrag	Anweisung an das Kreditinstitut, zu gleichbleibenden Terminen gleichbleibende Geldbeträge auf ein gleichbleibendes Konto zu überweisen (z. B. Miete).

Lastschriftverfahren	Ermächtigung des/r Zahlungspflichtigen an Zahlungsempfänger/in, bestimmte Beträge von seinem/ihrem Konto abzubuchen (Telefonrechnung). Man unterscheidet **Einzugsermächtigung** (Widerspruch gegenüber Abbuchung innerhalb von sechs Wochen) und **Abbuchungsauftrag** (Beauftragung an das Kreditinstitut, die eingereichten Lastschriften auszuführen).
Kreditkarte Arten: - MasterCard - Visa - Diners Club - American Express Card	Bargeldloses Zahlungsmittel, wird von Kreditgesellschaften in Zusammenarbeit mit Kreditinstituten vergeben. Vorteile: - internationale bargeldlose Zahlung - weltweite Möglichkeit zur Bargeldbeschaffung - kurzfristige Kreditgewährung - Risikobegrenzung bei Verlust bzw. Diebstahl Nachteile: - nicht überall akzeptiert - Bargeldbeschaffung ist teuer. - evtl. hohe Verschuldung
Scheck	Schriftliche Anweisung des Kontoinhabers (Aussteller) an Kreditinstitut (Bezogener) den angegebenen Geldbetrag von seinem Konto an den Scheckinhaber zu zahlen Gesetzliche Bestandteile: - Bezeichnung - Anweisung bei Vorlage zu zahlen - Name des Bezogenen Zahlungsort: - Ort und Tag der Zahlung - Unterschrift des Ausstellers

Einlösefristen/Scheck Der Scheck ist bei Sicht fällig, erst mit der Einlösung des Schecks erlischt das Schuldverhältnis.	Die Scheckeinlösung unterliegt den gesetzlichen Fristen: - acht Tage für im Inland ausgestellte Schecks - 20 Tage für Schecks aus dem europäischen Ausland und an das Mittelmeer angrenzende Länder - 70 Tage für Schecks aus allen übrigen Ländern
Inhaberscheck	Dieser berechtigt das bezogene Kreditinstitut dazu, an jeden Scheckinhaber zu zahlen, weil die Scheckweitergabe formlos geschieht.
Orderscheck (Orderklausel am rechten Rand rot)	Hier wird der Name des Zahlungsempfängers genannt. Für die Weitergabe des Schecks ist ein schriftlicher Übertragungsvermerk (Indossament) erforderlich.

Elektronische Zahlungssysteme („Kartenzahlung"):

▶ Direkt einsetzbares Mittel zur bargeldlosen Zahlung, standardisiert für europaweiten Zahlungsverkehr (**S**ingle **E**uropean **P**ayment **A**rea, SEPA). Man unterscheidet:

Electronic Cash (ec), Point of sale-Terminal: POS	**Zahlungsvorgang mit Karte und PIN:** Einlesen der Kartendaten und der PIN – Aufbau Online-Verbindung – Überprüfung der Karte – Meldung – Gutschrift des Zahlungsbetrages Der Karteninhaber weist sich durch PIN aus, eine Zahlungsgarantie erfolgt, max. 2 000,00 EUR pro Tag, kein Zahlungsrisiko, hohe Kosten für Zahlungsempfänger.

Elektronisches Lastschriftverfahren (ELV)	**Zahlungsvorgang durch Karte und Unterschrift:** Einlesen der Kartendaten – manuelle Eingabe des Zahlbetrages – Unterschrift des Zahlungspflichtigen auf Lastschriftbeleg – Legitimationsprüfung (Unterschriftenvergleich) – Lastschrift auf Konto des Zahlungsempfängers Berechtigungsnachweis erfolgt durch Unterschriftenvergleich, keine Zahlungsgarantie, kein Höchstbetrag, geringe Kosten für den Zahlungsempfänger; Zahlungsrisiko durch Widerspruchsrecht des Karteninhabers
Geldkarte	Aufladen der Geldkarte bis max. 200 EUR durch den Karteninhaber – Lastschrift in Höhe der Aufladesumme auf dem Konto des Karteninhabers – Gegenbuchung auf einem internen Verrechnungskonto (Kartensammelkonto) bei der Bank – Abbuchen des Zahlungsbetrages vom Chip beim Zahlungsvorgang durch Zahlungsempfänger Berechtigung nicht erforderlich, max. 200,00 EUR täglicher Verfügungsbetrag, Zeitersparnis durch Wegfall der Legitimationsprüfung, Verlustrisiko für Karteninhaber durch Bargeldfunktion

3.7 Nicht-Rechtzeitig-Zahlung (Zahlungsverzug)

Voraussetzungen:

Gelieferte Ware wird nicht fristgerecht bezahlt.

Eintritt Nicht-Rechtzeitig-Zahlung (Zahlungsverzug)

30 Tage nach Fälligkeit oder bei kalendermäßig bestimmtem Zahlungstermin sofort.

Rechte des Gläubigers

mit Nachfristsetzung:
- Schadenersatz statt Leistung
- Rücktritt vom Kaufvertrag

▼

Gerichtliches Mahnverfahren

ohne Nachfristsetzung:
- Bestehen auf Zahlung
- Verzugszinsen

▼

Kaufmännisches Mahnverfahren

3.8 Verjährung von Forderungen

▶ Zeitspanne, nach der der Anspruch eines Gläubigers gegenüber seinem Schuldner aufgrund von vertraglichen Vereinbarungen oder aus gesetzlichen Gründen erlischt. Die Verjährungsvorschriften findet man in § 195 und § 438 BGB:

2 Jahre	Ansprüche aufgrund von Mängeln einer Kaufsache
3 Jahre	Bei folgenden Ansprüchen: - Schadenersatzansprüche aus unerlaubter Handlung - Ansprüche wegen arglistig verschwiegener Mängel - Ansprüche auf z. B. Miete, Gehalt
5 Jahre	- Ansprüche aufgrund von Sachmängeln bei Bauwerken
10 Jahre	Bei fälligen Ansprüchen ohne Kenntnis Ausnahmen: Schadenersatzansprüche aus unerlaubter Handlung, Gefährdungshaftung und Pflichtverletzung aus einem Schuldverhältnis, Rechte an einem Grundstück
30 Jahre	Schadenersatzansprüche aus unerlaubter Handlung, Gefährdungshaftung und Pflichtverletzung aus einem Schuldverhältnis ohne Fälligkeit und Kenntnis - Herausgabeansprüche aus Eigentum - Ansprüche aus Familien- und Erbrecht - rechtskräftige Ansprüche und Ansprüche aus Urteilen und Insolvenzverfahren

Hemmung der Verjährung

Die Verjährung wird in folgenden Fällen gehemmt/verlängert:

- bei schwebenden Verhandlungen (§ 203 BGB)
- durch Klageerhebung oder nach Mahnbescheid (§ 204 BGB)

- bei Leistungsverweigerung (§ 205 BGB)
- bei höherer Gewalt (§ 206 BGB)

Nach § 212 BGB gibt es für den Neubeginn einer Verjährung folgende Gründe:

- Anerkennung eines Anspruchs durch Abschlagszahlung, Zinszahlung, Leistung einer Sicherheit u. Ä.
- Beantragung und Durchführung einer gerichtlichen und behördlichen rechtskräftigen Vollstreckung

3.9 Gerichtliches Mahnverfahren

▶ Mahnbescheid durch Gläubiger beim Amtsgericht, Amtsgericht schickt Mahnbescheid an Schuldner

Schuldner zahlt Rechnungssumme	Schuldner reicht Widerspruch ein	Schuldner reagiert nicht
	Amtsgericht teilt Gläubiger Widerspruch mit. Auf Antrag: mündliche Verhandlung beim Amts- oder Landgericht → Gerichtsurteil → Schuldner erhält Vollstreckungsbescheid.	Gläubiger stellt Antrag auf Vollstreckungsbescheid. Amtsgericht stellt Vollstreckungsbescheid zu.

Schuldner zahlt Rechnungssumme und andere Kosten.	Schuldner erhebt Einspruch innerhalb zwei Wochen → mündliche Verhandlung bei Gericht → Gerichtsurteil → Zwangsvollstreckung	Schuldner reagiert nicht, Antrag auf Zwangsvollstreckung

Bei erfolgloser Zwangsvollstreckung → eidesstattliche Versicherung über Vermögensverhältnisse, ansonsten Haftstrafe bis zu sechs Monaten

4 Absatz

Produkt-/Sortimentspolitik	Kommunikationspolitik
Distributionspolitik	Preispolitik

- Internationales Marketing
- Gesetzliche Grundlagen

▶ Absatz: Betriebswirtschaftliche Funktion des Unternehmens, die dazu bestimmt ist, die vom Betrieb geschaffenen Leistungen auf den Markt zu bringen

Verkäufermarkt	Käufermarkt
Nachfrage > Angebot	Angebot > Nachfrage

4.1 Marketing

▶ Konzeption der Unternehmensführung, bei der im Interesse der Erreichung der Unternehmensziele alle betrieblichen Aktivitäten auf die gegenwärtigen und neuen Märkte ausgerichtet werden

4.2 Marketing-Management-Konzept

Klärung der Marktsituation	**Strategieentscheidung**
- Definition und Aufteilung des Marktes - Analyse und Beurteilung des Unternehmens	- Zielmärkte - Abgrenzung gegenüber Konkurrenz - Grundsatzentscheidungen
Marktbearbeitungsentscheidung	**System- und Organisationsentscheidung**
- Leistungsprogramm - Preis- und Absatzpolitik - Kommunikations-/Distributionspolitik - Marketingorganisation - Planungsentscheidungen	- Einbindung in Organisationsstruktur - Personalplanung

Marktsegmentierung

▶ Aufteilung des heterogenen Gesamtmarktes in relativ homogene Käufergruppen mit dem Ziel der unterschiedlichen Ansprache, z. B. nach Altersgruppen, Einkommensgruppen, Land- oder Stadtbevölkerung

4.3 Begriffe des Marketings

Markterkundung	Unsystematische Informationssammlung durch Einzelbeobachtungen und Gespräche
Marktforschung	Funktion, die den Konsumenten, den Kunden und die Öffentlichkeit durch Informationen mit dem Anbieter verbindet; Informationen, die zur Identifizierung und Definition von Marketingchancen und -maßnahmen, zur Überprüfung des Marketingerfolgs und zur Verbesserung des Verständnisses des Marketingprozesses erforderlich sind
Marktprognose	Vorhersage von Marktentwicklungen auf der Grundlage von recherchierten Daten
Marktpotenzial	Mögliche Aufnahmefähigkeit eines Marktes für Güter und Dienstleistungen
Marktvolumen	Realisierte oder prognostizierte effektive Absatzmenge aller Hersteller am Markt
Marktanteil	Realisierter Umsatz oder Absatzmenge eines Unternehmens am Marktvolumen (ausgedrückt in Prozent)

4.4 Von der Marktuntersuchung zur Marketingkonzeption

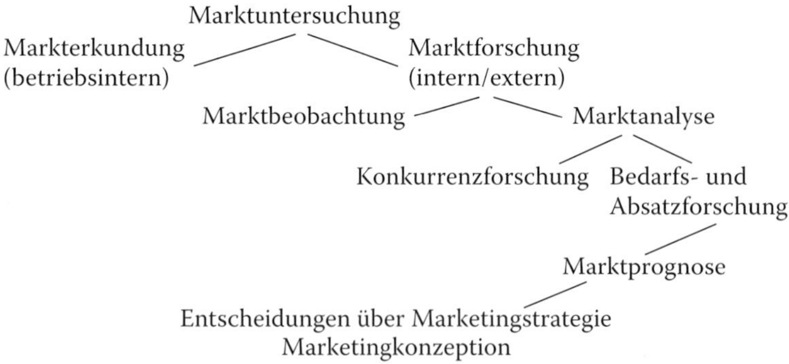

Produkt/Sortimentspolitik	Preispolitik	Kommunikationspolitik	Distributionspolitik
Marketingmix (vgl. S. 48 ff.)			

4.4.1 Methoden der Marktforschung – Festlegung der Zielgruppen

Primärforschung

▶ Erhebung neuer Daten durch Untersuchungen oder Feldforschung

Sekundärforschung

▶ Auswertung vorhandener Daten wie Statistiken oder Berichte

Betriebsinterne Quellen	Betriebsexterne Quellen
- Berichte von Außendienstmitarbeitern - Kundendateien - eigene Messeberichte - Auswertung der Konkurrenzanalyse	- Jahrbücher - Veröffentlichungen der Kammern - Publikationen staatlicher Stellen, z. B. Ministerien - Geschäftsberichte, Kataloge - Fachbücher und Fachzeitschriften

Erhebungsmethoden	Datenherkunft
- Befragung - Experiment - Beobachtung	- unternehmensintern - unternehmensextern

Erklärung der Erhebungsmethoden:

a) Befragung zur Meinungsbildung: schriftlich, mündlich, telefonisch
b) Interview: Komplexe Zusammenhänge können ermittelt werden.
c) Paneltechnik: regelmäßige Befragung einer bestimmten Personengruppe über einen längeren Zeitraum mit speziellen Fragebögen
d) Test = Testproben von Waren (z. B. neutral verpackte Waren)
e) Experiment = spezielle Form der Beobachtung, Reaktion auf neue Produkte
f) Beobachtung = Erhebung von Sachverhalten ohne Befragung, z. B. durch Kameras an Kühlregalen

4.4.2 Kundenanalyse (Clusteranalyse)

▶ Bestimmte Merkmale von Daten, die aus der Primärerhebung gewonnen wurden, werden mithilfe mathematischer Verfahren in Gruppen zusammengefasst (geclustert).

Beispiel: Wohnverhältnisse, Gebiet, Alter, Hobbys

Kaufverhalten

Input (Stimuli) ► Sinnesreizung/Emotionen, Einstellungen ► Kauf. Daraus ergibt sich das Verkaufs-Modell: **A**ttention – **I**nterest – **D**esire – **A**ction (AIDA).

Faktoren

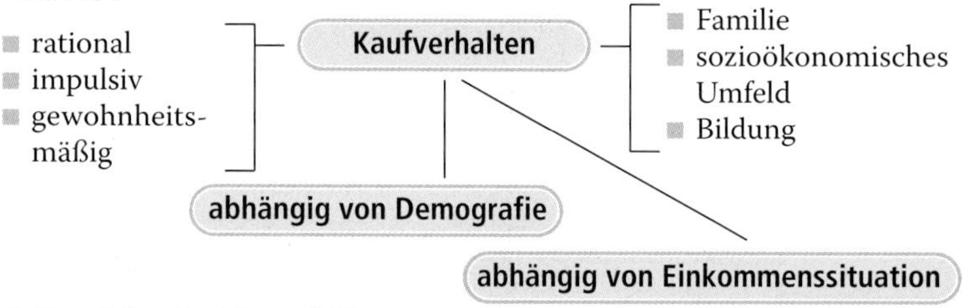

4.5 Marketing-Mix

► Für einen bestimmten Planungszeitraum ausgewählte Kombination von Marketing-Aktivitäten

Produkt- und Sortimentspolitik	Preis- und Konditionenpolitik	Kommunikationspolitik	Distributionspolitik

4.5.1 Produkt- und Sortimentspolitik

► Umfasst alle Planungen und Entscheidungen, die die marktorientierte Gestaltung des Leistungsprogrammes eines Unternehmens zum Gegenstand haben, z. B., um welche Produkte es sich handelt und ob es sich um ein tiefes (viele Sorten eines Artikels innerhalb einer Warengruppe) oder breites (viele verschiedene Warengruppen) Sortiment handelt. Mithilfe der Portfolio-Analyse und dem Produktlebenszyklus lässt sich feststellen, welche Produkte wirtschaftlich sind und welche als „Ladenhüter" gelten.

Produkt	Dienstleistung
Erzeugnis, das Angebot (Verkäufer) und Nachfrage (Käufer) bedient. Man unterscheidet Sachgüter und Dienstleistungen, Investitions- und Konsumgüter.	- nicht gegenständlich - Tätigkeit - wird zur gleichen Zeit erbracht und konsumiert - Kunde ist am Prozess beteiligt.

Produktlinie

► Gruppe von Produkten, die in Verbindung miteinander stehen, weil sie in ähnlicher Weise funktionieren

Strategien der Produktpolitik

Produktinnovation	Entwicklung und Einführung neuer Produkte aufgrund von Wachstum, neuen Technologien, Änderungen des Konsumentenverhaltens
Produktvariation	Veränderung der bereits im Leistungsprogramm des Unternehmens enthaltenen Produkte aufgrund veränderten Konsumentenverhaltens. Man unterscheidet Produkt**differenzierung** (Aufnahme programmnaher Produkte) und Produkt**diversifikation** (Aufnahme programmferner Produkte).
Produkteliminierung	Aussonderung bisher angebotener Produkte aus dem Leistungsprogramm des Unternehmens aufgrund zu hoher Kosten
Produkt-Relaunch	Wiederbelebung eines Produktes

Portfolio-Analyse

▶ Sie soll durch Offenlegung der eigenen Produkte die Wachstumsmöglichkeiten des Unternehmens aufzeigen und noch vorhandene Ressourcen zeigen.

Portfolio-Matrix

Fragezeichen = Nachwuchsprodukte - kleiner Marktanteil, hohes Wachstum Strategie: Beobachtung	Sterne = Zukunftsprodukte - großer Marktanteil, großes Wachstum Strategie: Marktanteil halten
Arme Hunde = Ergänzungsprodukte - kleiner Marktanteil, niedriges Wachstum Strategie: Produkte verkaufen oder vom Markt nehmen	Milchkühe = Basisprodukte - großer Marktanteil, geringes Wachstum Strategie: Marktanteil halten

Produktlebenszyklus

► Kennzeichnet den als typisch angenommenen Verlauf der Absatzentwicklung eines Produktes für den gesamten Zeitraum, in dem es am Markt angeboten wird.

1. Einführungsphase
Niedrige Umsätze, hohe Kosten für Werbung → niedrige Gewinne
Die Dauer hängt ab von: Größe des Vorteils bei Kunden, Größe der Unsicherheit, Bindung der Kunden an bisherige Produkte, Infostand der Kunden, Verfügbarkeit des Produktes.

2. Wachstumsphase
Das Produkt wächst → Gewinne steigen

3. Reifephase (verschärfter Wettbewerb, steigende Umsätze)
- Wechsel der Kunden zu Anbietern von niedrigen Preisen
- Überkapazitätsgefahr
- Marktanteilswettbewerb steigt

4. Rückgangsphase → Gewinne sinken

5. Elimination = Einstellen des Produkts

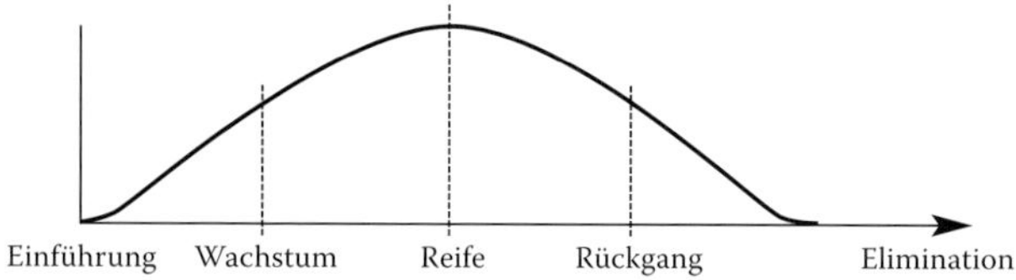

4.5.2 Preispolitik

► Anzahl von Geldeinheiten, die ein Käufer beim Erwerb einer Mengeneinheit zu entrichten hat. Folgende Einflussfaktoren wirken u. a. auf die Preispolitik: steigende Energiekosten, internationaler Wettbewerb durch Globalisierung, Profilierung des Einzelhandels.

Preismerkmale

- Qualitätsindikator
- elastisch (nachfragebezogen)
- psychologische Schwelle (Was ist mir das Produkt wert?)
- Akzeptanz durch den Kunden

Strategien der Preis- und Konditionenpolitik

1. Kostenorientierte Preisfestsetzung durch Berücksichtigung von fixen und variablen Kosten

2. Konkurrenzorientierte Preisfestsetzung

- Festlegung der Preise in Bezug auf die Konkurrenz
- Gewinnung von Marktanteilen
- Ausrichtung am Wettbewerbsumfeld
- Abhängigkeit von der Konkurrenz

3. Produktlinienorientierte Preisfestsetzung

- Abstimmung der Preise verwandter Produkte
- Gewinnmaximierung
- Vermeidung von „Kannibalisierung“
- Schwierigkeit bei der Bestimmung des Kosten-Nutzen-Aspektes

4. Nutzenorientierte Preisfestsetzung

- Nutzung des Produktes für Kunden
- Entscheidungsverhalten des Kunden
- Schwierigkeit bei Bestimmung des Kosten-Nutzen-Aspektes

5. Skimming-Preisstrategie = hohe Preise bei der Einführung, danach Senkung

- große Zahl potenzieller Kunden
- Stückkosten sind geringfügig höher
- Potenzielle Konkurrenten steigen bei hohen Preisen nicht ein.
- hoher Preis = hohe Qualität

6. Penetrations-Preisstrategie = Marktdurchdringung

- keine gehobene Käuferschicht
- Produkt auf große Marktsegmente ausgerichtet
- Betriebsgrößenersparnis ausschlaggebend

7. Preisdifferenzierung:

- räumlich (In-/Ausland)
- zeitlich (Saison)

Preispositionierung

Ansteuerung eines bestimmten Preisbereiches. Ein bestimmtes Markenprodukt soll flächendeckend mit demselben Preis eingeführt werden.

Rabattpolitik

Folgende Preisnachlässe gibt es:

- Mengenrabatt
- Wiederverkäuferrabatt
- Treuerabatt
- Saisonrabatt
- Sonderrabatt
- Bonus (wird bei bestimmtem Umsatz nachträglich gewährt)
- Skonto (wird bei Barzahlung gewährt)

Dynamische Preisgestaltung

Unternehmen versucht die Preise flexibel an die Marktentwicklung anzupassen (niedrige Einführungspreise).

Preisdifferenzierung

- räumlich (Süd/Nord)
- mengenmäßig
- zeitlich
- verwendungsbezogen
- personenbezogen (z. B. Familien, Senioren)

Lieferbedingungen

Mit bestimmten Lieferbedingungen wollen sich Unternehmen voneinander abheben:

- Transportkostentarife
- Umtauschrechte

Absatzkreditpolitik

Maßnahmen, um bessere Zahlungsbedingungen zu erhalten, Leasing, Zahlungsaufschub, Anzahlungen

4.5.3 Kommunikationspolitik

▶ Umfasst Planungen und Entscheidungen, die die Übermittlung von Informationen und Bedeutungsinhalten zur Beeinflussung der am Absatz beteiligten Personen zum Gegenstand haben. Ihre Mittel sind: Information, Überzeugung und Verhaltensherbeiführung. Zu ihren Instrumenten gehören: Werbung, Verkaufsförderung, Händler-Promotion und Öffentlichkeitsarbeit.

Werbung

▶ Jede Form nicht persönlicher Präsentation und Unterstützung von Ideen, Produkten oder Dienstleistungen durch einen identifizierbaren Auftraggeber. Der Zweck ist die Verbesserung des Images und Erhöhung des Bekanntheitsgrades.

Werbeziele - ökonomisch (Gewinnmaximierung) - außerökonomisch (Image) - Einführung neuer Produkte - Expansionsziel - Erinnerungsziel	**Werbeformen** - Herstellerwerbung - Handelswerbung - Einzelwerbung - Sammelwerbung
Werbezielgruppen - Privat- und Geschäftskunden	**Werbezielgebiete** - regional, national, international
Werbeträger - Printmedien (Zeitungen) - elektronische Medien - Außenwerbung (Fahrzeuge) - Kino	**Werbemittel** - Anzeigen, Beilagen - Kinospots - Beschriftung auf Lkws - Werbegeschenke
Werbebudget Zur Verfügung stehendes Kapital im Rahmen eines Geschäftsplanes	**Werbebotschaft** - emotionale Beeinflussung - informative Positionierung
Werbetiming Wann soll geworben werden?	**Werbeerfolgskontrolle** Was und wie soll gemessen werden?
Werbegewinn Werbebedingter Mehrumsatz – Werbekosten	

Andere Werbeformen

Direktwerbung Zielpersonen werden direkt angesprochen, z. B. durch Telefon-Marketing.	**Salespromotion** (Verkaufsförderung) Die Verbraucher werden durch Aktionen auf das Produkt aufmerksam gemacht. - Verbraucher-Promotion (Gewinnspiele) - Außendienst-Promotion (Versicherungen) - Händler-Promotion (Schaufensterdeko)
Public Relation Bemühen eines Unternehmens, durch vielfältige kommunikative Maßnahmen bei den relevanten Teilgruppen Verständnis und Vertrauen aufzubauen, z. B. Betriebsbesichtigungen, Vorträge, Sport-Events, Kunstausstellungen und Veröffentlichungen	**Sponsoring** Das Unternehmen unterstützt als Sponsor z. B. Sportveranstaltungen und macht so auf sich aufmerksam. Formen: - Sportsponsoring - Kultursponsoring - Umweltsponsoring - Sozialsponsoring
Product Placement Ein Unternehmen versucht, seine Produkte in Filmen oder Videoclips zu platzieren.	**Werbung im Intenet** - Imagewerbung mit Serviceangeboten (http://www.superfast.com) - Banner-Werbung auf Portal-Seiten (http://www.aol.com) - Spam (Werbemüll) per E-Mail (unverlangte Angebote)

4.5.4 Distributionspolitik

▶ Beinhaltet Planungen und Entscheidungen, die sich auf den physischen und akquisitorischen Weg des Produktes vom Hersteller zum Endverbraucher und die daran beteiligten Personen und Organisationen beziehen. Man unterscheidet Absatzwege, Absatzmittler, Vertriebssysteme und Logistik.

Absatzwege

Direkter Absatz = Der Hersteller übernimmt den Vertriebsweg bis zum Kunden mithilfe des Einzelhandels oder im Direktvertrieb an die Kunden.	Indirekter Absatz = Der Hersteller überlässt den Vertriebsweg eigenständigen Organen, z. B. Kommissionären, Handelsmaklern, Handelsvertretern.

Absatzmittler

Großhandel = Der Händler kauft im eigenen Namen vom Produzenten und verkauft an den Einzelhandel.	Einzelhandel = Er kauft entweder beim Großhandel oder direkt beim Produzenten im eigenen Namen.
Handelsvermittler/Handelsvertreter = selbstständiger Gewerbetreibender; beauftragt, für fremde Unternehmen Geschäfte abzuschließen. Er kann mehrere Firmen vertreten.	Kommissionär = selbstständiger Gewerbetreibender; schließt gewerbsmäßig im eigenen Namen auf fremde Rechnung ab. Er kann die Ware jederzeit zurückgeben und trägt somit kein Risiko.
Handelsmakler = selbstständiger Gewerbetreibender; wird nur nach Bedarf mit dem Ein- und Verkauf von Gütern beauftragt.	Franchise-System = Ein ausgereiftes Konzept wird mit Beratung und Verwaltung einem Franchise-Nehmer überlassen, der selbstständig Gewinne erwirtschaftet, die er prozentual an den Franchise-Geber zurückführt. (McDonald's)

Entscheidungen über Lagersystem

Zentrallager	Eigen- und Fremdlager
- hohe Transportkosten - niedrige Lagerkosten - langsame Liefermöglichkeiten	- geringe Transportkosten - hohe Lagerkosten - schnelle Liefermöglichkeiten

4.6 Internationales Marketing

► Alle Marketingaktivitäten eines global arbeitenden Unternehmens. Dazu gehört die Abschätzung von wirtschaftlichem (Bonität, Transport- und Kursrisiko) und politischem Risiko (Aufstände, Wirtschaftspolitik, Zölle). Daraus ergeben sich unterschiedliche Strategien:

- global standardisiertes Marketing (Nokia, Coca-Cola)
- multinational differenziertes Marketing (McDonald's)

Gesetzliche Grundlagen des Marketings

► Verbraucherschutz = Gesamtheit der Maßnahmen zum Schutz des Endverbrauchers

Ziele:

- Schutz des Verbrauchers
- Wettbewerbssicherung

Bestandteile	Ziele und Inhalte
Gesetz gegen den unlauteren Wettbewerb (UWG)	Vermeidung wettbewerbswidrigen und -schädlichen Verhaltens Verboten sind etwa Lockvogelangebote, irreführende Werbung, Verkauf unter Einstandspreis
Preisangabenverordnung (PAngV)	Waren für den Endverbraucher müssen ausgezeichnet werden, z. B. effektive Jahreszinsen bei Krediten, Bruttopreise, Waren im Schaufenster immer mit Preisschild
Produkthaftungsgesetz (ProHaftG) gilt in allen EU-Ländern	Ersatz für Folgeschäden, die durch den Ge- und Verbrauch einer Sache entstehen. Es regelt die Begriffe Fehler, Verjährung und Produkt. Schadenersatz bei Personen bis 80 Mio. EUR, bei Sachschäden unbegrenzt, Verjährung nach zehn Jahren
Markengesetz (MarkenG)	Kennzeichnung von Waren und Dienstleistungen, Eintragung beim Patentamt, Marke = Zeichen, Abbildung, bestimmte geografische Herkunft o. Ä.
Geschmacksmustergesetz (GeschmMG)	Schutz einer ästhetischen Leistung, z. B. Tapetenmuster
Gebrauchsmustergesetz (GebrMG)	Schutz einer technischen Leistung

5 Beschaffung

Bezugsquellen

▼

Beschaffungsplanung
(Ökologie)

▼

Lagerhaltung und Logistik
(Lagerkennziffern, Bestellverfahren, Transportsysteme, Wareneingang)

▼

Ablauf Kaufvertrag
(Anfrage, Angebot)

▼

Rechtliche Bedingungen
(Lieferungs-/Zahlungsbedingungen, Bestellung)

▼

Rechnungserstellung und -prüfung

▼

Störung Kaufvertrag

▶ Beschaffung: Qualitative und quantitative Versorgung eines Betriebes mit Material. Teil der Materialwirtschaft, die darüber hinaus die Bereitstellung sämtlicher Realgüter sowie ihre Qualitätsprüfung, Lagerung, Logistik und Abfallwirtschaft umfasst.

Nach dem Grundsatz der Wirtschaftlichkeit sind die Unternehmen mehr und mehr bestrebt, die Transport- und Lagerkosten zu minimieren bzw. diese Bereiche auszulagern (Outsourcing), d. h. externe Dienstleister einzubeziehen.

5.1 Bezugsquellen

Intern	Extern
Lieferantendateien, Warendateien	Vertreterbesuche, Kataloge, Fachmessen, Ausstellungen

5.2 Beschaffungsplanung

Materialplanung	Was soll beschafft werden?
Mengenplanung	Wie viel soll beschafft werden?
Zeitplanung	Wann soll beschafft werden?
Preisplanung	Wie hoch ist der Einkaufspreis?
Bezugsquellenplanung	Wo soll beschafft werden?
E-Commerce	Z. B. über B2B-Portale werden Waren untereinander angeboten. Dort können auch Auktionen veranstaltet werden, die im Zuge der Globalisierung weltweit den günstigsten Anbieter ermitteln.

Ökologische Gesichtspunkte bei der Beschaffung

Reduktion der Verpackung	Mehrwertverpackung
Reduktion des Transportes	Verringerung der Entfernungen
Beachtung der Kundenwünsche	Herstellung ökologischer Produkte
Staatliche Auflagen	Recyclingfähige Materialien

5.3 Lagerhaltung und Logistik

5.3.1 Bestellverfahren

Bestellrhythmusverfahren	Bestellpunktverfahren
Waren werden in einem bestimmten Rhythmus bestellt.	Wenn der Lagerbestand einen bestimmten Punkt erreicht, wird nachbestellt.

Optimale Bestellmenge

▶ Summe aus Lager- und Bestellkosten ist am niedrigsten. Dadurch entsteht allerdings ein Zielkonflikt, da die Beschaffung größerer Mengen hohe Lagerkosten, die Beschaffung kleinerer Mengen hohe Bestellkosten verursacht.

ABC-Analyse

Um in einem Lager die Kosten so gering wie möglich zu halten, müssen die Güter auf ihre Wirtschaftlichkeit hin überprüft werden. Dazu bedient man sich der ABC-Analyse. Die benötigten Güter werden entsprechend ihres Verbrauchs nach ihrem Wert oder Mengenanteil bzw. Warenumfang in A-, B-, oder C-Güter eingruppiert:

A-Güter	Hoher Wertanteil, geringer Mengenanteil
B-Güter	Mittlerer Wert- und Mengenanteil
C-Güter	Geringer Wertanteil, hoher Mengenanteil

Make- oder Buy-Entscheidungen

▶ Entscheidung, ob in einem Industriebetrieb selbst hergestellt (make) oder dazugekauft werden soll (buy). Folgende Einflussfaktoren spielen eine Rolle: Kosten, Sicherheit, Qualität, Ökologie, Personal.

Supply Chain Management (SCM)

▶ Vertriebsstrategie, bei der mit Unterstützung einer Logistik-Software die Daten der Wertschöpfungskette des Unternehmens verknüpft und somit transparent gemacht werden. Dies betrifft auch die Daten der Zulieferer und Kunden (Kosten und Nutzen). Ziel ist eine drastische Verkürzung der Durchlaufzeiten und ein Netzwerk, auch mit konkurrierenden Unternehmen.

5.3.2 Lagerkennziffern

Durchschn. monatlicher Lagerbestand	$\frac{\text{Anfangsbestand} + 12\ \text{Monatsbestände}}{13}$
Umschlagshäufigkeit	$\frac{\text{Wareneinsatz/Jahr}}{\text{durchschnittlicher Lagerbestand}}$
Durchschnittliche Lagerdauer	$\frac{360}{\text{Umschlagshäufigkeit}}$
Lagerzinssatz	$\frac{\text{Jahreszinssatz} \cdot \text{durchschnittliche Lagerdauer}}{360}$
Lagerzinsen	$\frac{\text{Lagerzinssatz} \cdot \text{durchschnittlicher Lagerbestand}}{100}$

5.3.3 Transportsysteme

Für die Auswahl von Transportweg und -art kommen folgende Kriterien in Betracht:

- rechtliche Kriterien (Gefahrgutvorschriften, Fahrverbote u. Ä.)
- Infrastruktur (Straßen, Klima, Lage der Standorte)
- Kosten (Fracht, Zölle, Hafengebühren)
- Qualitätskriterien (Zeit, Vernetzung, Flexibilität u. Ä.)

Verkehrsträger – Vor- und Nachteile (Auswahl)

Verkehrsträger	Vorteile	Nachteile
Lkw	- hohe Flexibilität - flächendeckend - relativ niedriges Transportrisiko	- Staus - Transportvolumen beschränkt - Transportkosten (Maut)
Bahn	- Unabhängigkeit von Verkehrsströmen und Fahrverboten - umweltfreundlich - hohe Sicherheit	- Bindung an Fahrpläne - Monopol des Anbieters - relativ langsam
Schiff	- hohes Transportvolumen - Sicherheit - relativ umweltfreundlich - weltweite Verbindungen	- Anbindung notwendig (Häfen) - Hafengebühren - Liegezeiten ungewiss - langsam
Flug	- international - weltweite Verbindungen	- begrenztes Volumen - wenige Standorte - kostenintensiv

5.3.4 Wareneingang

Tätigkeiten beim Wareneingang

Lieferung der Ware

▼

Begleitpapiere werden überprüft
(Unstimmigkeiten werden beseitigt oder die Annahme
wird verweigert – defekte Ware).

▼

Verpackung wird geprüft
(Beschädigungen werden bestätigt oder die Annahme wird verweigert).

▼

Ware wird angenommen.

▼

▼

Ware wird ausgepackt.

▼

Ware wird sofort geprüft (§ 121 BGB).

▼

Ware wird eingelagert und auf dem Lieferschein bestätigt.
Lieferschein wird in Kopie an Einkauf geschickt.

▼

Ware wird in Lagerdatei eingegeben.
Mängel werden dem Lieferanten unverzüglich mitgeteilt (E-Mail).

Prüfungs- und Rügepflicht

Zweiseitiger Handelskauf	Einseitiger Handelskauf
Die Ware muss unverzüglich, d. h. ohne schuldhaftes Zögern, geprüft werden. Offene Mängel (sofort erkennbare) sind sofort nach Entdeckung, jedoch innerhalb von zwei Jahren nach Lieferung zu rügen (§ 377 HGB und § 438 BGB).	Die Ware muss innerhalb von zwei Jahren nach Lieferung geprüft und gerügt werden (§ 438 BGB).

5.4 Ablauf eines Kaufvertrages

5.4.1 Begriffe und Definitionen

Erfüllungsort

▶ Ort, an dem der Schuldner die Leistung vorzunehmen hat

Gesetzlich: für Ware = Ort des Verkäufers, für Geld = Ort des Käufers

Vertraglich: Vereinbarung der Vertragsparteien

Natürlich: Ort, an dem die Leistung ihrer Natur nach zu erbringen ist

Gefahrübergang

▶ Zeitpunkt der Übertragung des Risikos bei der zufälligen Verschlechterung der geschuldeten Sache. Mit der Übergabe der verkauften Sache geht die Gefahr einer zufälligen Verschlechterung auf den Käufer über.

Gerichtsstand

▶ Sitz des Gerichts, in dem der Schuldner seinen Wohnsitz hat. Abweichende Vereinbarungen unter Kaufleuten sind möglich.

Eigentumsvorbehalt

▶ Käufer wird Eigentümer durch Bezahlung.

Verlängert: durch Weiterverkauf entstandene Forderung

Erweitert: Vorbehaltsrechte beziehen sich auf andere Waren.

5.4.2 Anfrage

▶ Dient der Geschäftsanbahnung und ist unverbindlich. Man unterscheidet **allgemeine Anfragen** (Zusendung eines Katalogs) oder **spezielle Anfragen** (bestimmte Artikel).

Aufbau und Inhalt

1. Grund für die Anfrage
2. Gewünschte Menge, Art nennen
3. Anfrage nach Preis, Lieferungs- und Zahlungsbedingungen
4. Hinweis auf gewünschten Liefertermin

5.4.3 Angebot

▶ Immer verbindlich. Ein Lieferant hat aber die Möglichkeit, das Angebot zeitlich zu befristen oder mit einer sogenannten Freizeichnungsklausel (unverbindlich, freibleibend) zu kennzeichnen.

Aufbau und Inhalt

1. Für die Anfrage bedanken
2. Vorstellung des Unternehmens
3. Beschreibung des Artikels
4. Angebotsbedingungen (Lieferungs-, Zahlungsbedingungen, Preis, Lieferzeit, Erfüllungsort, Gerichtsstand) nennen
5. Hoffnung auf Bestellung (Abschluss)

Angebotsvergleich

Quantitative Kriterien	Qualitative Kriterien
Einstandspreis - Listenpreis - Liefererrabatt - Liefererskonti - Bezugskosten (Verpackungs- und Transportkosten)	- Qualität der Ware - Liefermenge - Lieferzeitpunkt - Zuverlässigkeit des Lieferers - Kulanz des Lieferers - Verhalten bei Reklamationen - Gewährleistung
→ Ziel: günstiger Preis	→ Ziel: guter Lieferant

5.5 Rechtliche Grundlagen

5.5.1 Lieferungsbedingungen

Klausel	Verkäufer	Käufer
Ab Werk, ab Lager	----	Trägt alle Transportkosten
Unfrei, ab hier (gesetzliche Regelung)	Rollgeld bzw. Hausfracht	alle Beförderungskosten ab Versandstelle einschließlich Beladen
Frei Waggon	Anfuhr- und Beladekosten	Beförderungskosten ab Versandstelle ohne Beladekosten
Frei, frachtfrei, frei dort	Anfuhr/Verladung, Beladekosten, Fracht	Beförderungskosten ab Empfangsstelle
Frei Haus, frei Lager	Verkäufer trägt alles	----

Incoterms sind freiwillige Regeln zur Auslegung bestimmter Vertragsformeln, festgelegt von der Internationalen Handelskammer. Sie beziehen sich auf Riskioübergang und Kostenübernahme. Eine Übersicht erhält man unter www.incoterms.com.

Lieferzeit

Laut Gesetz kann der Käufer sofortige Lieferung verlangen, der Verkäufer muss in diesem Fall sofort liefern. Es kann aber auch eine vertragliche Regelung geschlossen werden:

a) Terminkauf: Lieferung innerhalb einer bestimmten Frist
b) Fixkauf: Lieferung zu einem genau festgelegten Zeitpunkt

5.5.2 Zahlungsbedingungen

▶ Die gesetzliche Regelung sieht vor, dass der Käufer unmittelbar bei Lieferung zu zahlen hat. Die Kosten des Geldtransfers trägt der Käufer (Geldschulden = Schickschulden).

Vor der Lieferung	Bei der Lieferung	Nach der Lieferung
Vorauszahlung	Gegen bar	Drei Monate Ziel
Anzahlung der Hälfte des Preises	Gegen Nachnahme	Ratenzahlung
	Sofort netto Kasse	Innerhalb 8 Tagen 3 % Skonto oder 30 Tage Ziel

Verpackungskosten

Die Kosten der Schutz- und Versandverpackung trägt der Käufer. Oft sind die Verkaufsverpackungen aber im Preis inbegriffen.

Bruttogewicht – Tara (Versandverpackung) = Nettogewicht (Reingewicht der Ware)

a) Reingewicht einschließlich der Verpackung

▶ Verpackungskosten sind im Preis inbegriffen, Verpackung wird nicht berechnet, der Verkäufer trägt die Verpackungskosten.

b) Reingewicht ausschließlich der Verpackung

▶ Verpackungskosten werden zusätzlich berechnet, Käufer trägt die Verpackungskosten. Die Verpackung kann Eigentum des Käufers werden oder als Leihgabe verwendet werden.

c) Rohgewicht einschließlich Verpackung (brutto für netto)

▶ Die Verpackung wird wie Ware berechnet, sie wird Eigentum des Käufers.

5.5.3 Bestellung

▶ Eine Bestellung ist verbindlich, sie kann mündlich oder schriftlich erfolgen. Bei mündlichen Bestellungen ist eine Auftragsbestätigung sinnvoll. Die Bestellung kann entweder nach vorausgegangenem Angebot oder ohne vorheriges Angebot erfolgen. In diesem Fall ist die Bestellung eine Willenserklärung, die zweite Willenserklärung die Auftragsbestätigung bzw. Warenlieferung. Der Widerruf einer Bestellung muss vor bzw. gleichzeitig mit der Bestellung eintreffen (E-Mail).

Inhalt

1. Für das Angebot bedanken
2. Art, Preis, Menge, Qualität der Ware beschreiben
3. Angabe von Liefertermin, Lieferungs- und Zahlungsbedingungen

Verpflichtungsgeschäft

Es liegen zwei übereinstimmende Willenserklärungen vor.

Erfüllungsgeschäft

Ein Erfüllungsgeschäft liegt vor, wenn Verkäufer und Käufer folgende Pflichten erfüllt haben:

Verkäufer	Käufer
Ware am richtigen Ort zur richtigen Zeit in der richtigen Art und Weise liefern, das Eigentum übertragen, den Kaufpreis annehmen	Annahme der ordnungsgemäß gelieferten Ware und vereinbarungsgemäße Zahlung des Kaufpreises

Arten des Kaufvertrages

Man unterscheidet die Arten des Kaufvertrages nach folgenden Kriterien:

Art, Güte und Beschaffenheit der Ware	- Kauf auf Probe (Rückgabe innerhalb einer vereinbarten Frist) - Kauf nach Probe (Kauf nach einer Probe, z. B. Tapetenmuster) - Kauf zur Probe (kleine Menge wird gekauft) - Gattungskauf (Kauf von Waren, die nach der Gattung bestimmt werden und austauschbar sind.) - Spezifikationskauf (eines Grundstoffs, Käufer bestimmt die Spezifikation) - Ramschkauf (Pauschalpreis)
Zahlungszeitpunkt	- Kauf auf Anzahlung - Kauf auf Vorauszahlung - Barkauf - Zielkauf - Ratenkauf
Rechtspartner	- Verbrauchsgüterkauf (§§ 476 ff BGB) - bürgerlicher Kauf (§ 433 BGB) - einseitiger Handelskauf (ein Privatmann, ein Unternehmen) - zweiseitiger Handelskauf (zwei Unternehmen)

Lieferzeit	- Sofortkauf - Terminkauf - Fixkauf - Kauf auf Abruf
Ort der Warenübergabe	- Handkauf - Platzkauf - Versendungskauf

E-Commerce

▶ Electronic Commerce (E-Commerce) oder E-Business ist die digitale Abwicklung von Geschäftsprozessen über das Internet. Die Abwicklung erfolgt grundsätzlich schneller und zeitunabhängig, darüber hinaus bietet sie erhebliche Kostensenkungspotenziale.

Man unterscheidet folgende Formen:

B2B	B2C	B2G
Business to Business = Geschäftsbeziehungen zwischen Unternehmen	Business to Consumer = Geschäftsbeziehungen zwischen Konsumenten und Unternehmen (z. B. Online-shopping)	Business to Government = Geschäftsbeziehungen zwischen Unternehmen und Regierungsstellen/ Verwaltungen

5.6 Rechnungsbegleichung

Der Rechnungsbetrag ergibt sich aus der Verkaufskalkulation.

Verkaufskalkulation

Einstandspreis
+ Handelskostenzuschlagssatz zur Deckung der Kosten

Selbstkosten
+ Gewinn

Barverkaufspreis
+ Kundenskonti

Zielverkaufspreis
+ Rabatt

Listenverkaufspreis

Rechnungsprüfung

Rechnerische Prüfung	Sachliche Prüfung
- Listenpreis - Rabatt - Transportkosten	- Art, Güte, Menge der Ware

Geldschulden

▶ Schick- und Bringschulden (§ 270 ff. BGB)

Der Käufer muss

- die Überweisungskosten tragen,
- das Transportrisiko für das Geld tragen,
- dafür sorgen, dass das Geld rechtzeitig auf dem Konto ist.

Wenn der gesetzliche Erfüllungsort gilt, genügt die rechtzeitige Absendung des Geldes.

5.7 Kaufvertragsstörungen

Arten

Mangelhafte Lieferung	Nicht-Rechtzeitig-Lieferung (Lieferungsverzug)	Annahmeverzug	Nicht-Rechtzeitig-Zahlung (Zahlungsverzug) (vgl. S. 40)
Mängel in der Art, Menge, Qualität	Bestellte Ware trifft nicht termingerecht ein.	Ordnungsgemäß gelieferte Ware wird nicht abgenommen.	Gelieferte Ware wird nicht bezahlt.

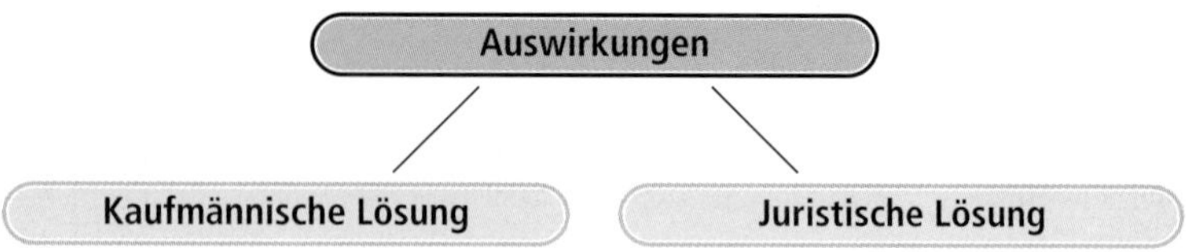

5.7.1 Die mangelhafte Lieferung

- Mangel in der Art, d. h. Lieferung der falschen Ware
- Mangel in der Menge (zu wenig/zu viel geliefert)
- Mangel in der Qualität (Fehlen einer zugesicherten Eigenschaft)
- Mangel in der Montage

Rügefristen

Zweiseitiger Handelskauf	Einseitiger Handelskauf
Offene Mängel: unverzüglich	Offene Mängel: innerhalb von zwei Jahren
Versteckte Mängel: unverzüglich nach Entdeckung, jedoch innerhalb von zwei Jahren	Versteckte Mängel: innerhalb von zwei Jahren

Mängelrüge

▶ Benachrichtigung des Lieferanten über den Erhalt einer mangelhaften Lieferung

Rechte des Käufers

Nacherfüllung

▼

Beseitigung des Mangels (zweimalige Nachbesserung)
Ersatzlieferung (Lieferung gleichartiger Waren)

Frist zur Nacherfüllung ist verstrichen

- Minderung des Kaufpreises
- Rücktritt vom Vertrag
- Schadenersatz – auch bei Rücktritt möglich

5.7.2 Die Nicht-Rechtzeitig-Lieferung (Lieferungsverzug)

Voraussetzungen

Fälligkeit, d. h. Überschreiten des Liefertermins	**Mahnung** entfällt, wenn - der Liefertermin bestimmt ist, - der Lieferer die Lieferung endgültig verweigert, - aus besonderen Gründen der sofortige Eintritt des Verzugs gerechtfertigt ist.	**Verschulden** = Fahrlässigkeit oder vorsätzliches Handeln des Lieferers

Eintritt Lieferungsverzug

▼

Setzen einer Nachfrist zur Leistungserstellung

▼

Rechte des Käufers

Ohne Nachfristsetzung	Mit Nachfristsetzung
- Bestehen auf Lieferung - Bestehen auf Lieferung und Verlangen eines Schadenersatzes (Verzögerungsschaden)	- Schadenersatz statt Leistung (Nichterfüllungsschaden) oder Ersatz vergeblicher Aufwendungen

▼

Schadenersatz

Berechnung eines abstrakten Schadens	Berechnung eines konkreten Schadens	Vereinbarung über Konventionalstrafe

5.7.3 Annahmeverzug

Voraussetzungen

- Käufer nimmt ordnungsgemäße Lieferung nicht an.

Eintritt des Annahmeverzuges

Hier haftet der Käufer für Beschädigung oder Vernichtung der Ware, der Lieferer haftet nur noch bei Vorsatz oder grober Fahrlässigkeit.

Rechtsfolgen

Rechte des Verkäufers	Pflichten des Verkäufers
- Klage auf Abnahme der Ware - Selbsthilfeverkauf	- Einlagerung der Ware auf Kosten und Gefahr des Käufers im eigenen Lager oder in einem öffentlichen Lagerhaus - Mitteilung an den Käufer, wo sich die Ware befindet - Fristsetzung für Warenverkauf - Androhung des Selbsthilfeverkaufs und Mitteilung an den Käufer über Ort und Zeit (nicht nötig bei verderblicher Ware: Notverkauf) - Abrechnung des Selbsthilfeverkaufs mit dem Käufer (Mehrerlös erhält der Käufer)

6 Bürowirtschaft und Datenverarbeitung

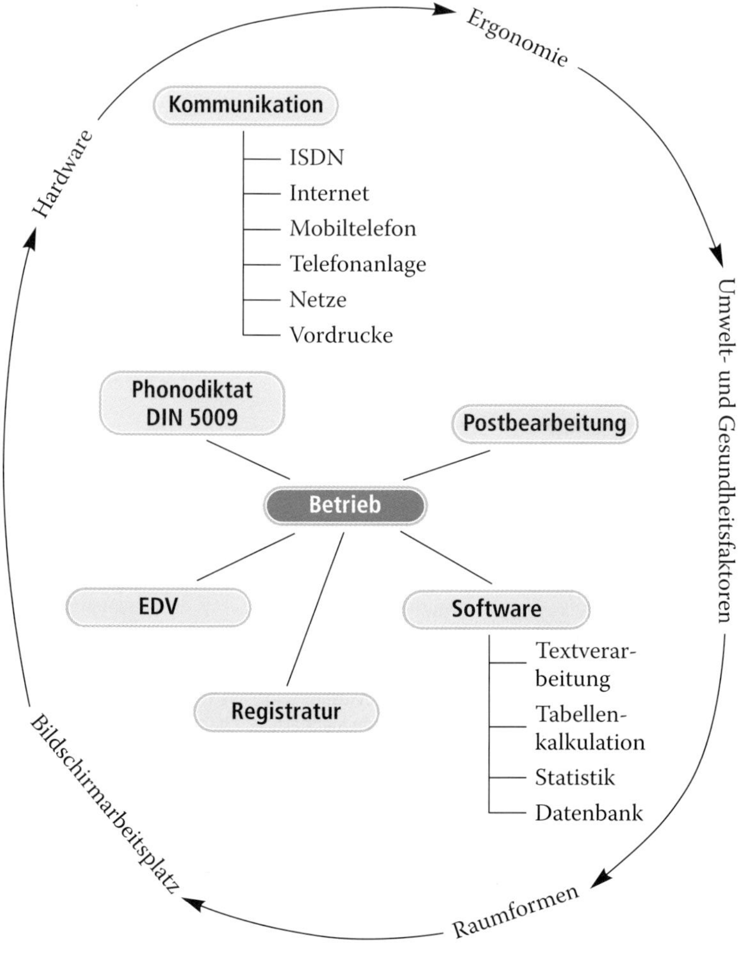

6.1 Ergonomie

► Wissenschaft vom Menschen in seiner Arbeitsumwelt, d. h. die Anpassung der Arbeitsbedingungen an die physischen und psychischen Bedürfnisse des Menschen

Gesetzliche Grundlagen

- Arbeitsstättenverordnung (Arbeitsraum/Arbeitsplatz)
- Arbeitszeitordnung (Arbeitszeit, Ruhepausen)
- Unfallverhütungsvorschriften
- Gewerbeordnung (Schutz gegen Unfälle)

6.1.1 Umwelt- und Gesundheitsfaktoren

Licht	- 600–1200 Lux - gleichmäßige Ausleuchtung des Raumes - blendfreies Licht von links oben auf Arbeitsplatz
Lärm	55–60 dB, Eingrenzung durch Teppichböden
Luft	20–22 °C Temperatur, 40–60 % Luftfeuchtigkeit
Farben	Grün = beruhigend, helle Farben beleben
Persönliche Einflussfaktoren	Alter, Gesundheit, Biorhythmus

6.1.2 Raumformen

Kleinraumbüro (ca. 15 qm)	- konzentriertes Arbeiten möglich - vertrauliche Gespräche möglich	- Mitarbeiter/-innen fehlt der direkte Kontakt zu Kollegen/-innen - kein direkter Informationsaustausch möglich
Mehrpersonenbüro (10 qm pro Person)	- Teamarbeit möglich - bessere Raumausnutzung - Geräte können mehrfach genutzt werden.	- erhöhter Lärm - schlechte Licht-/Luftverhältnisse möglich - evtl. Konzentrationsstörungen
Großraum-Büro (8 qm pro Person)	- Arbeitsabläufe sind optimiert. - gute Kommunikation - effektive Raumausnutzung - geringe Kosten	- erhöhter Lärm - schlechte Licht-/Luftverhältnisse möglich - evtl. Konzentrationsstörungen

6.1.3 Anforderungen an den Bildschirmarbeitsplatz

- Bildschirm um 10 – 25 Grad nach hinten geneigt
- Bildschirmauflösung: mind. 800 x 600 Pixel/mind. 70 Hz
- strahlungsarmer Bildschirm
- verstellbare Tischhöhe
- ergonomisch geformte Maus
- verstellbare Sitzhöhe
- Lendenwirbelabstützung im Stuhl
- Rückenlehne frei beweglich
- Sehabstand zum Bildschirm: 70 cm
- Drucker: maximal 55 dB
- frei bewegliche Tastatur
- abgerundete Tischkanten
- wegrollsicherer Bürodrehstuhl mit mindestens fünf Rollen

6.1.4 Chronobiologie und Arbeitszeit

Die Chronobiologie beschäftigt sich mit der zeitlichen Organisation von Organismen (Menschen). In der Organisation spielen Rhythmen häufig von inneren biologischen Uhrsystemen eine große Rolle. Diese Vorgänge sind wichtig, um bestimmte Aufgaben zu einer bestimmten Uhrzeit zu erledigen. So sinkt die Konzentrationsfähigkeit i. d. R. gegen 12:00 Uhr und steigt erst wieder gegen 15:00 Uhr an, erreicht aber dann nicht mehr ihr morgendliches Hoch.

6.2 Postbearbeitung

Posteingang	Postausgang
- Zustellung durch Post/Postdienst oder Abholung beim Postfach - Postvollmacht: Berechtigung einer Person, für eine andere Sendungen entgegenzunehmen - Post sortieren (Privat-/Geschäftspost) - Öffnen (Brieföffnungsmaschine) - Entnahme (Zusammennehmen von Anlagen, Heften, Leerkontrolle) - Eingangsstempel - Weiterleitung der Sendungen in Postfächer bzw. Scannen und Verschicken der Post über E-Mail-Systeme	- Kontrolle der Briefe auf Vollständigkeit (Anlagen) - Kopieren der Briefe - Zusammentragen - Sortieren (z. B. Versandart) - Falzen (Einfach-, Wickel-, Zickzackfalz) - Adressieren (Adressiermaschine) - Kuvertieren (Kuvertiermaschine) - Schließen (Schließmaschine) - Frankieren Frankiersysteme: Briefmarke, Frankierkarte, elektronisches Frankieren (Freischaltung über Telefonleitung)

Sendungsarten der Deutsche Post AG

Bei den Sendungsarten handelt es sich um die Art, wie Schriftstücke versandt werden können. Als Auswahlkriterien dienen Größe, Gewicht, Kosten und Häufigkeit des zu versendenden Schriftstücks.

Sendungsarten	Beschreibung
Brief	schnelle Beförderung von Schriftstücken innerhalb eines Tages in Deutschland Standardbrief: bis 20 g, 23,5 x 12,5 cm (B6/DL), bis 0,5 cm dick Kompaktbrief: bis 50 g, 23,5 x 12,5 cm (B6/DL), bis 1 cm dick Großbrief: bis 500 g, 35,3 x 25,0 cm (B4) bis 2 cm dick Maxibrief: bis 1 000 g, 35,3 x 25,0 cm (B4) bis 5 cm dick
Postkarte	150 – 500 g/qm schwere offene Mitteilungen werden verschickt.
Infobrief	mindestens 50 inhaltsgleiche Sendungen werden verschickt.
Infopost	preisgünstige Versandart, unter folgenden Bedingungen: - mindestens 4 000 Stück oder - mindestens 250 Stück für die gleiche Region oder - mindestens 50 Stück für den Leitbereich (die ersten drei Ziffern der Postleitzahl)
Büchersendung	Bücher und Broschüren werden preisgünstiger verschickt, offener Versand.
Postwurfsendung	Schreiben oder Warensendung gleichen Inhalts können ohne Anschrift an alle Haushalte bzw. an Postfachinhaber einer bestimmten Region verschickt werden.
Blindensendung	Informationen für Blinde können unentgeltlich verschickt werden, offener Versand zwecks Kontrolle.

Besondere Versendungsformen

Einschreiben	Briefe, Postkarten. Varianten: *Übergabe* = persönliche Zustellung an den Empfangsberechtigten, *Einwurf*: Dokumentation der Zustellung in den Briefkasten/zum Postfach
Eigenhändig	Einschreiben, Nachnahmesendungen und Pakete werden an Bevollmächtigte ausgehändigt.

Rückschein	Einschreiben, Nachnahmesendungen und Pakete, Absender erhält Beleg.
Nachnahme	Briefe, Postkarten und Pakete, Einzug des ausstehenden Betrags durch Deutsche Post
Werbeantwort	Vorbereitete Antwortkarte wird beigefügt, die der Empfänger kostenlos verschickt.
Postvertriebsstück	Zeitungen und Zeitschriften werden günstiger versandt.
Postzustellungsauftrag	Förmliche Zustellung, der Zustellungsempfänger kann sich den rechtlichen Konsequenzen nicht entziehen (Fristenregelungen gelten).
Expressbrief	schnelle Zustellung über Nacht, Extraentgelte
Prospektservice	Prospektvorlagen werden elektronisch übermittelt, Druck und Verteilung durch die Deutsche Post
Mailingfactory	Service für Mailing-Aktionen, Serienbriefe und Postkarten. Deutsche Post AG übernimmt Druck, Kuvertierung, Freimachung und Versand.

Haftung der Deutsche Post AG

Haftungsanlass	Haftungsumfang
Verlust/Beschädigung von Paketen	bis max. 500,00 EUR
Verlust von Einschreiben	25,00 EUR, bei Einwurfeinschreiben 20,00 EUR
Transportversicherungen	bis zur Höhe der Versicherung
Verlust von Briefen	Keine
Nachnahmesendungen	- bis zur Höhe der Nachnahmegebühr - für den ordnungsgemäßen Einzug
Schäden durch Absender verursacht, verspätete Anzeige	keine Haftung

Kurier-, Express- und Paketdienste

▶ Diese Dienste unterscheiden sich hinsichtlich Kosten, Geschwindigkeit und Sicherheit.

Vorteile der Dienste

- hoher Lieferservice (flächendeckend, 24-Std.-Dienst)
- Flexibilität (just in time möglich, Einsparung von Lagerkosten)
- Laufzeitüberwachung (Sendungsverfolgung, tracking & tracing)
- im Rahmen der Überwachung Ursachenforschung möglich
- Anpassung an spezielle Kundenwünsche (Sondertransporte)
- Pünktlichkeit (Planungssicherheit, Geld-zurück-Garantie)

Qualitätsanforderungen der Dienste

- Branchenkenntnisse
- Know-how über Transporte von bestimmten Produkten
- Kostentransparenz der Tarife
- Komplexität des Angebots (Outsourcing möglich)
- Vertrauen und Zuverlässigkeit
- Einsatz eines elektronisches Sendungsverfolgungssystem
- Einsatz umweltfreundlicher Packmaterialien
- Einbindung in Internationales Netzwerk
- Just-in-time-Service
- Door-to-Door-Service, auch im Ausland
- Kundenfreundlichkeit
- Flexibilität

6.3 Registratur

Aufbewahrungsfristen

Tageswert	Werbesendungen
Prüfwert	Bewerbungen
Gesetzeswert	Belege, Bilanzen: 10 Jahre lt. HGB
Dauerwert	Gründungsunterlagen, Meisterbriefe

Aktenformen	Ablagetechniken
- Einzelakte (Kundenvorgänge) - Sammelakte (Lieferscheine)	- Loseblattablage - geheftete Ablage - gebundene Ablage

Registraturformen

Form	Merkmal	Vor- und Nachteile (+/–)
Liegende Ablage	Behälter liegen aufeinander	- preiswert (+) - unübersichtlich (–) - schwieriger Zugriff (–)
Stehende Ablage	- Ordner - Stehsammler	- übersichtlich (+) - sicher (+) - preiswert (+) - guter Zugriff (+) - „Totraum" bei Ordnern (–) - unflexibel (–)
Hängende Ablage	- vertikal hängend	- übersichtlich (+) - flexibel (+) - kostenintensiv (–) - Raumbedarf hoch (–)
	- lateral hängend	- gute Raumausnutzung (+) - flexibel (+) - kostengünstig (+) - Ablage langsam (–) - nicht für Schreibtische geeignet (–)

Standorte einer Registratur

- zentrale Ablage (zentral für den Betrieb)
- dezentrale Ablage (Abteilungsablage)

Mikrografie

▶ Verfahren, bei dem Originalschriftstücke fotografisch verkleinert auf einem Film aufgenommen und anschließend vernichtet werden (Vorteil gegenüber CDs: hohe Langlebigkeit)

Mikrofilmarten

- Rollfilm
- Mikrofiche
- Jackets
- COM (Computer Output on Microfilm)

6.4 Phonodiktat (DIN 5009)

▶ Örtlich und zeitlich unabhängiges Diktat, das eine klare Sprache erfordert und nach bestimmten Regeln erfolgt. Dabei werden Konstanten, d. h. feste Benennungen wie z. B. Satzzeichen und Anweisungen (Hinweise für Hervorhebungen), unterschieden. Beim **Spracherkennungssystem** wird das Diktat mit dem PC geführt, der nach einer bestimmten Syntax arbeitet und das gesprochene Wort als Datei aufnimmt, um es auf einem Datenträger zu speichern. Es gibt Spracherkennungssysteme für unterschiedliche Branchen, z. B. Rechtsanwälte, Ärzte u. a.

6.5 Hardware

PC-Drucker im Überblick

Druckerart	Merkmale	Beispiel
Nadeldrucker	- laut, schlechte Qualität, kostengünstig, Impact	Endlosvordrucke
Tintenstrahldrucker	- leise, Non-Impact, mittlere Qualität, gutes Preis-Leistungs-Verhältnis, Mehrfarbdruck	Schriftverkehr
Laserdrucker	- leise, relativ teuer, hohe Wartungskosten, Mehrfarbdruck, hohe Auflagen	Zentraldrucker

Reprografie (Vervielfältigung)

- Durchschriften (manuell, z. B. bei Quittungen)
- Durchschläge (maschinell)

Kopierverfahren

Ablauf elektrostatisches Kopieren	Funktionen Kopierer
- Original wird abgelichtet. - Latentes Bild befindet sich auf Selentrommel. - Toner wird zugeführt. - Bild wird am Toner vorbeigeführt. - Kopie entsteht.	- Papierzuführung - Vorlagenzuführung - Buchkopiergerät - Display - Zoom - Sorter

Offsetverfahren

▶ Flachdruckverfahren, das dem Prinzip folgt, dass Fett und Wasser sich abstoßen. Die Druckergebnisse haben hohe Qualität, das Druckverfahren ist für hohe Auflagen geeignet.

6.6 Ökologie und Ökonomie bei der Auswahl von Büromitteln

Um sowohl ökonomisch als auch ökologisch im Umgang mit Büromitteln zu handeln, sind folgende Tipps nützlich:

- Verwendung von Recycling-Papier (kostengünstiger) bei internem Schriftverkehr
- Verwendung von E-Mails im internen Schriftverkehr
- Einstellen von Mitarbeiterinformationen ins Intranet
- Papier beidseitig beschreiben/kopieren
- Benutzung von Bleistiften
- Einkauf von Stiften auf Wasserbasis
- Briefumschläge aus Recycling-Papier

Rationalisierung des Schriftverkehrs

- Auswahltexte (Texte mit mehreren kurzen Sachverhalten)
- Kurzmitteilung (Handlungsanweisungen mit Möglichkeit des Ankreuzens)
- Blitzantwort (Kopie eines Originalbriefes)
- Pendelbrief (Beantwortung auf dem Original)
- Serienbrief (inhaltlich gleicher Brief an verschiedene Adressaten)

Vordruck

▶ Gemäß DIN 32754 Papier bestimmten Formats (A3 – A4 – A5 – A6) mit Aufdruck, der eine ergänzende Beschriftung von Hand oder mittels PC ermöglicht. Vordrucke erleichtern und steuern die inner- und außerbetriebliche Kommunikation.

Wichtige Angaben können nicht vergessen werden, sie sind übersichtlich und gewährleisten schnelles Bearbeiten.

Gebrauchsformen
- Schnelltrennsätze (Auftragsbestätigungen, Lieferscheine, Rechnungen)
- Einzelvordrucke (Anträge)
- Vordrucksätze (Lieferscheine)

6.7 Kommunikation

6.7.1 Telefon

Funktionsweise	Regeln für richtiges Telefonieren
Die beim Sprechen entstehenden Schallschwingungen werden durch ein Mikrofon in der Kapsel in elektrische Signale umgewandelt. Beim Empfänger werden diese Signale durch die Lautsprecher und eine weitere Membran wieder in hörbare Schwingungen umgewandelt.	- laut und deutlich sprechen - sich mit Firma, Namen und Begrüßung melden - höflich und zuvorkommend sein - Gesprächsnotiz anfertigen - Gespräch höflich beenden - Funktionen des Telefons einwandfrei bedienen können

Funktionen (Auswahl)

Lautsprecher	Hier können alle ohne Hörer mithören.
Rufumleitung	Ist ein Anschluss nicht erreichbar, wird der Anrufer auf ein anderes Telefon umgeleitet.
Wahlwiederholung	Die zuletzt gewählte Nummer wird bei dieser Funktion wiederholt.
Telefonbuch	Telefonnummern und die dazugehörigen Empfänger können gespeichert werden.
Anklopfen	Zeigt beim Telefonieren die Nummer des Anrufers.
Kurzwahl	Gespeicherte Nummern können durch entsprechende Tastenkombinationen schnell aufgerufen werden.
Gebührenanzeige	Einheiten für das gerade geführte Gespräch werden im Display angezeigt.

Sperrschloss	Kindersicherung: Es kann nicht telefoniert werden.
Stummschaltung	Gesprächspartner kann nicht mithören, was besprochen wurde.

6.7.2 Mobiltelefon

Funktionen

SMS = Short Message Service
MMS = Multimedia Messaging Service
WAP-Browser = Wireless Application Protocol (internetfähiges Handy)
T9 = System, das das Schreiben von Texten mit dem Handy erleichtert (Textvorlagen bzw. Worterkennung)
Bluetooth = drahtloser Übertragungsstandard für Daten und Sprachen

6.7.3 Telefax

▶ Facsimile = originalgetreue Kopie eines Dokuments, d. h., es erfolgt eine elektronische Übermittlung eines Dokuments über die Telefonleitung. Alle Schriftstücke außer Urkunden, A3-Zeichnungen u. Ä. können elektronisch übermittelt werden. Dabei werden die Schriftstücke in einer einstellbaren Auflösung eingelesen und per Telefonleitung übertragen.

6.7.4 Internet/Intranet

▶ Die Gesamtheit aller weltweit zusammengeschlossenen Computer-Netzwerke, die nach einem standardisierten Verfahren miteinander kommunizieren. Dazu gehören die Standrechner (Server) und die Computer der Internet-Nutzer, die über Telefonleitungen bzw. DSL-Leitungen miteinander verbunden sind (Client). Sogenannte Provider (Anbieter) stellen den Internetzugang zur Verfügung.

Einsatzmöglichkeiten des Internets

- Veröffentlichungen von Informationen auf Homepages, in Blogs, Wikis o. Ä.
- Kommunikation (E-Mail, Chat, Internettelefonie und Videochats)
- Onlinedienste wie Onlineshopping, Onlinebanking u. Ä.
- Kommunikationsplattformen (twitter, facebook)
- Intranet (betriebsinternes Kommunikationsnetz)
- Besuch von sozialen und Geschäftsnetzwerken

Zukunftschancen und Gefahren

Das Internet verbindet die Menschen rund um den Globus und verstärkt somit die Globalisierung von Märkten. Zu den Gefahren gehört die Allgegenwart von Viren, die u. a. durch E-Mails verbreitet werden. Viele Benutzer fühlen sich auch durch Spam (unerwünschte Werbebotschaften) belästigt.

6.8 Kommunikationsnetze

ISDN

▶ Integrated Services Digital Network = Serviceintegriertes Netzwerk, bei dem acht Geräte gleichzeitig angeschlossen werden können und zwei Geräte gleichzeitig funktionieren. Das weiterentwickelte Netz, IDSL (ISDN Digital Subscriber Line), bietet eine noch höhere Geschwindigkeit. Zurzeit wird die digitale Form der breitbandigen Übertragungstechnik angeboten (DSL).

LAN

▶ Local Area Network = Netzwerk von Computern, das sich auf ein Gebäude beschränkt

WAN

▶ Wide Area Network = Netzwerk von Computern, das räumlich beliebig weit ausgedehnt werden kann

WLAN

▶ Wireless Local Area Network ist ein LAN, das per Funkverbindung Signale überträgt.

GAN

▶ Global Area Network = global agierendes Netzwerk, z. B. Internet

6.9 EDV

▶ Elektronische Datenverarbeitung, nach DIN 44300 Funktionseinheit zur Verarbeitung von Daten, insbesondere zur Durchführung mathematischer, umformender, übertragender und speichernder Operationen.

EVA-Prinzip der Datenverarbeitung

Eingabe	Verarbeitung	Ausgabe
Datenerfasssung manuell oder automatisch	Speichern, Sortieren, Zählen, Rechnen, Vergleichen, Verknüpfen, Auswerten	Ergebnis der Datenverarbeitung
- Maus - Mikrofon - EC-Karte - Scanner - Tastatur - Lesepistole		- Nadeldrucker - Tintenstrahldrucker - Laserdrucker - Plotter - Lautsprecher - Bildschirm

Daten

▶ Informationen über Dinge, Personen, die wie folgt dargestellt werden können:

- alphabetische Zeichen (Buchstaben)
- numerische Zeichen (Ziffern)
- Sonderzeichen (wie §, &, !)

Merkmal	Bezeichnung	Beispiel
Dauerhaftigkeit	Stammdaten	300 g
	Bestandsdaten	Lagerbestände
	Bewegungsdaten	Bestandsveränderungen
Aufgabe	Ordnungsdaten	Art.-Nr. 356
	Mengendaten	Preise
Verarbeitungsmöglichkeit	Eingabedaten	Einzelpreise
	Verarbeitungsdaten	Rechenoperation
	Ausgabedaten	Ergebnisse

Datenaufbau

Datenfeld	Teil eines Datensatzes, gekennzeichnet durch Feldlänge (Anzahl der notwendigen Zeichen), z. B. EAN (Europäische Artikelnummer) = 13-stellig, numerisch, steht am Anfang des Datensatzes

Datensatz	Zusammenfassung von Informationen über eine Person, eine Ware u. a., z. B. Artikelstammsatz beinhaltet alle Informationen über eine bestimmte Ware.
Datei	Datenbestand aus logisch zusammengehörigen Datensätzen, z. B. Personenstammdatei = alle Personenstammsätze eines Unternehmens

Aufbau eines EDV-Systems

Zentraleinheit (CPU = Central Processing Unit)	Hauptkomponente eines EDV-Systems, übernimmt die Datenverarbeitung im engeren Sinne
Prozessor	Zusammenfassung von Steuer- und Rechenwerk, besteht aus vielen Mikrochips
Steuerwerk	Entschlüsselt die Befehle des Programms und steuert die Verarbeitungsschritte in den anderen Funktionseinheiten
Rechenwerk	Führt die arithmetischen Operationen anhand von Anweisungen des Programmes durch und vergleicht die Daten miteinander
Hauptspeicher	Arbeitsspeicher und ggf. Ergänzungs- und Festspeicher; Speicherung von Eingabe- und Verarbeitungsdaten, Betriebssystem, Anwendersoftware
Peripherie	Summe aller Geräte um die CPU, die Verbindung wird durch sogenannte „Busse" hergestellt
Datenbus	Verbindung zwischen einzelnen Bestandteilen des EDV-Systems
Externer Speicher	Ermöglicht das Speichern großer Datenmengen vor, während und nach der Datenbearbeitung (CD, DVD, Stick)

Funktionsweise mithilfe von Binärcodes

Jedes EDV-System arbeitet mithilfe von Dual-Systemen. Es kennt nur die Ziffern 0 und 1 und stellt Dezimal-Zahlen damit verschlüsselt dar (ein oder aus). Verschiedene Codierungen heben die Verschlüsselung der Daten wieder auf.

Speichermöglichkeiten

▶ Ein Speicher ist ein Instrument, das Daten aufnimmt, aufbewahrt und bei Bedarf wieder abgibt. Die Speicherkapazität wird in Bytes, Kilobytes (KB), Megabytes (MB) bzw. Gigabytes (GB) angegeben.

Interne Speicher:	Externe Speicher:
RAM (Random Access Memory) = Arbeitsspeicher (Programme, Daten, Bilder, Sprache), der sowohl gelesen als auch beschrieben werden kann	ROM (Read Only Memory) = Speicher, der nur gelesen, nicht beschrieben werden kann

EDV-Programm

▶ Geordnete Folge von Befehlen, die deren automatische Ausführung bewirkt und beliebig oft wiederholt werden kann. Ein Programm ist auch eine Arbeitsanweisung für den Computer. Es legt fest, welche Daten abgefragt werden und wie die Daten auszugeben sind.

6.10 Anwendersoftware

Software

▶ Summe aller Programme, mit denen auf einem EDV-System gearbeitet wird. Man unterscheidet Anwendersoftware = Standardsoftware (Microsoft: Word, Excel u. a.) oder eigene Software (interne Programme). Die Systemsoftware steuert die EDV-Systeme (Steuerprogramme, Übersetzungsprogramme, Dienstprogramme).

Textverarbeitung

▶ Erfassung, Bearbeitung und Ausgabe von Texten, z. B. Word

Tabellenkalkulation

▶ Statistische Daten können dargestellt und berechnet werden, z. B. Excel.

Datenbank

▶ Sammlung von Daten, die miteinander in Verbindung stehen. Alle Datensätze können nach verschiedenen Gesichtspunkten neu sortiert werden. Man unterscheidet folgende Datenbanken: vernetzte Datenbanken, relationale Datenbanken (beliebige Kombination der Daten möglich), z. B. Access.

Statistik

▶ Auswertung von Zahlenmaterial eines Betriebes und Ordnung mithilfe von Grafiken. Sie dient dem innerbetrieblichen und außerbetrieblichen Vergleich (Umsätze, Kosten etc.). Statistiken sind die Grundlage für Planung und Steuerung des Unternehmens (Einkaufs- und Verkaufsstatistik, Personalstatistik, Finanzstatistik). Präsentationssoftware ist z. B. PowerPoint.

6.11 Terminplanung

Kontakte im Sekretariat:

- Kunden
- Lieferanten
- Kreditinstitute
- Speditionen
- Bahnunternehmen
- Hotels
- Veranstaltungsagenturen
- Mitarbeiter/-innen
- Partnerunternehmen
- Reisebüro
- Fluggesellschaften
- Taxiunternehmen
- Restaurants
- ausländische Partner

ABC-Analyse und Prioritäten

► Im Sekretariat fallen zu unterschiedlichen Zeiten verschiedene Tätigkeiten an. Um sie rationell zu erledigen, empfiehlt sich die sogenannte ABC-Analyse. Alle Tätigkeiten werden notiert und nach A-Tätigkeit = sehr wichtig, B-Tätigkeit = wichtig und C-Tätigkeit = nicht eilig sortiert.

Terminplanung

► Eine gute Terminplanung ist die Grundlage für mehr Arbeitszufriedenheit, die rationelle Abwicklung von Aufgaben, eine gute Zeit-Kosten-Rechnung, mehr Motivation und Steigerung der Arbeitsleistung. Telefon-Anrufe, unangemeldete Besucher, langwierige Besprechungen, Unfähigkeit zur Selbstdisziplin führen zu Arbeitsunzufriedenheit.

Terminarten

Im Unternehmen fallen folgende Terminarten an. Man unterscheidet zwischen fixen Terminen (z. B. Feiertage, Ferientermine) und variablen Terminen (z. B. Lieferzeiten).

Beschaffung	Produktion	Absatz	Rechnungswesen	Personalwesen
Bestellungen Lieferungen Vertreterbesuche Messen Gewährleistung	Produktionsstart Fertigstellung Instandhaltung Schichten Durchlaufzeiten	Lieferungen Werbung Messe Kundenbesuche Feiertage	Zahlungen Steuerzahlung Abgaben (Finanzamt) Aufbewahrungsfristen	Einstellung Kündigung Jubiläen An-/Abmeldung zur Sozialversicherung

ALPEN-Methode

▶ Die ALPEN-Methode zeigt, wie der Arbeitstag in Schritten eingeteilt werden kann, um mehr Arbeitszufriedenheit zu erlangen.

- **A**ufgaben, Aktivitäten und Termine aufschreiben
- **L**änge der Tätigkeiten schätzen (Termine)
- **P**ufferzeit für sich selbst und für unvorhersehbare Ereignisse einplanen
- **E**ntscheidungen über Prioritäten treffen (ABC-Analyse)
- **N**achkontrolle: Unerledigtes übertragen auf den nächsten Tag

Checkliste Terminplanung

1. Alle Termine sofort eintragen (auf ausländische Feiertage achten, Termine rasch absprechen)
2. Immer nach Terminplan arbeiten, der allen Beteiligten vorliegen sollte
3. Terminerinnerungen immer mündlich und schriftlich festhalten (E-Mail)
4. Tätigkeiten im Kalender nach ABC-Analyse eintragen
5. Dem Chef immer einen Grund für den Termin eintragen (Wer ist informiert?)
6. Terminnotiz beim Posteingang mit Textmarker markieren und eintragen
7. Terminrückgabekarten benutzen (Welchen Termin möchte der Chef wahrnehmen?)
8. Immer Zeitreserven einplanen
9. Täglich Termine überwachen
10. Bestätigte und unbestätigte Termine mit Kugelschreiber bzw. Bleistift unterscheiden
11. Immer die kostengünstigste Art der Terminanfragen wählen (E-Mail oder Brief)
12. Überlegen, welche Termine schriftlich bestätigt werden müssen (Kündigungen)
13. Informieren, welche Termine auch andere Personen wissen müssen (Taxiunternehmen)
14. Bei Abgabeterminen für andere immer genügend Zeit einplanen
15. Bei Terminen mit großer Vorlaufzeit immer Vorausshinweise anfertigen (Steuererklärung)
16. Unterlagen immer rechtzeitig bereitlegen (Dienstreisevorbereitungen)
17. Alle erledigten Termine aus der Planung streichen
18. Möglichst den Zeitplan einhalten

19. Zeitgefühl und Termingefühl bei ausländischen Partnern beachten (z. B. arabische Welt)
20. Zeitverschiebungen, z. B. bei Dienstreisen, beachten

Hilfsmittel bei der Terminplanung

Für die Planung und Überwachung von Terminen haben sich unterschiedliche Hilfsmittel bewährt:

- elektronischer Kalender
- Terminmappe
- Jahresübersicht
- Terminlisten
- Plantafeln
- Terminkalender
- Terminkartei
- Terminzettel
- Zeitplanbücher
- Balkendiagramme

6.12 Protokollführung

Rationelle Protokollführung (proto = der erste, Kolla = der Leim)

▶ Das Protokoll ist die Niederschrift öffentlicher oder privater Verhandlungen. Es gibt Auskunft über die anstehenden Probleme und ihren Lösungsprozess für jede/n Mitarbeiter/in des Unternehmens. Protokolle dienen als Urkunde, Dokument, Arbeitsunterlage, Informationsquelle und Beweismittel.

Aufgaben des Protokolls

- Dokument
- Beweismittel
- Arbeitsunterlagen
- Urkunde
- Informationsquelle
- Evaluationsinstrument

Arten des Protokolls

Die **Art** des Protokolls hängt vom Umfang und Aussagewert der Informationen ab. Man unterscheidet Vollprotokoll, Verlaufsprotokoll, Ergebnisprotokoll, Beschlussprotokoll, Kurzprotokoll und Gedächtnisprotokoll.

Checkliste für die Protokollführung

1. Vorbereitung:
   - Liste mit Namen von Teilnehmern erstellen
   - Namensschilder
   - Namen und Funktionen der Teilnehmer anschauen
   - Kenntnis der Tagesordnung und der Themen
   - Unterlagen für die Themen bereithalten

- frühere Protokolle lesen
- Fachkürzungen in Kurzschrift vorbereiten
- Hilfsmittel zurechtlegen
- Aufnahmegerät kontrollieren
- Terminkalender mitnehmen
- Sitzplan mit Namen der Teilnehmer mitnehmen

2. Durchführung:
   - Sitzordnung aufzeichnen
   - Anwesende abhaken und Namen einprägen
   - Stenogrammblock nur halbseitig links beschreiben
   - 1. Spalte = Redner, 2. Spalte = Bemerkungen
   - aktiv zuhören und mitdenken
   - für jeden Redner eine neue Zeile
   - Gliederung schon während der Aufnahme (TOP ...)
   - nicht alles wörtlich mitschreiben (außer Vollprotokoll)
   - Unwichtiges streichen oder einklammern
   - Unklarheiten sofort klären
   - Eigennamen in Langschrift schreiben
   - auf Termine besonders achten (Kennzeichnung)
   - Pausen für Gliederung und Erinnerung nutzen
   - Nachfragen, welche Aussagen ins Protokoll gehören (Streit)
   - Beschlüsse mitschreiben und daran erinnern

3. Nachbereitung:
   - Protokoll sofort nach der Sitzung ins Reine schreiben
   - Wichtiges unterstreichen (Termine)
   - Protokollrahmen beachten
   - beim Protokollentwurf 1 1/2-zeilig schreiben
   - Regeln nach DIN 5008 beachten
   - Protokoll immer auf Vollständigkeit überprüfen
   - endgültiges Protokoll ca. sieben Tage nach Sitzung verschicken
   - Protokollarchiv führen
   - Termine kontrollieren, eintragen und ggf. daran erinnern

Checkliste für das Protokoll

1. Protokollaufbau
   - Bezeichnung „Protokoll“
   - Nummer des Protokolls

- Unternehmen, Veranstalter, Organisation, Abteilung
- Anlass (Vorstandssitzung, Ausschusssitzung, Vertragsabschluss u. Ä.)
- Teilnehmende (alphabetisch oder nach Rangfolge geordnet)
- Datum, Ort, Uhrzeit
- Unterschrift

2. Protokollinhalt
   - Tagesordnungspunkte
   - Namen der Teilnehmer
   - Beiträge der Teilnehmer immer durch ganze Absätze getrennt
   - Sitzungsverlauf (Fragen, Antworten, Behauptungen u. Ä)
   - Ergebnisse/Beschlüsse (numerisch)
3. Protokollschluss
   - Ort
   - Datum
   - Unterschriften (Verantwortlicher, Vorsitzender, Protokollführer)
   - Anlagen (einzeln aufführen)
   - Verteiler

6.13 Planung von Veranstaltungen

Veranstaltungsanlässe:

- Gespräche
- Verhandlungen
- Versammlungen
- Pressekonferenzen
- Kundenevents
- Ausschüsse
- Konferenzen
- Betriebsversammlungen
- Besprechungen
- Sitzungen
- Betriebsbesichtigungen
- Betriebsausflüge
- Sportevents
- Tagungen
- Eröffnungen
- Schulungen von Kunden und Mitarbeitern

Ziele von Veranstaltungen:

Information
Problemlösungsstrategien
Kontaktpflege

Fragestellungen

- Warum wird die Veranstaltung durchgeführt?
- Wo findet sie statt?
- Wie lange findet sie statt?
- Welche Themen werden behandelt?
- Wer wird eingeladen?
- Wann findet sie statt?

Checkliste Veranstaltungsplanung

- **Programm**
- **Teilnehmer (u.a. Referenten)**
- Presse und Öffentlichkeitsarbeit
- Bewirtung
- Rahmenprogramm
- Evaluation
- **Einladung**
- **Raum**
- Beschilderung
- Protokoll
- Kontrolle

6.14 Geschäftsreisen

Reiseanlässe:

- Verhandlungen
- Sitzungen
- Tagungen
- Fortbildungen
- Besprechungen
- Konferenzen

Ziele von Dienstreisen	Fragestellungen
- Information - Problemlösungsstrategien vor Ort - Kontaktpflege - Anbahnung neuer Geschäfte - Kennenlernen der Geschäftspartner - persönliche Kontakte vor Ort	- Warum reist man? - Wohin reist man? - Wie lange reist man? - Welche Themen werden behandelt? - Wann reist man? - Wie reist man?

Checkliste Reiseplanung

- Terminabsprachen
- interkulturelles Know-how
- Visa
- Reisepass
- Besuchstermine
- Vertretung
- Kontaktpflege vor Ort
- Reisekostenabrechnung
- Reisemappe
- Verkehrsmittel
- Gastgeschenke

7 Unternehmensformen und -organisation

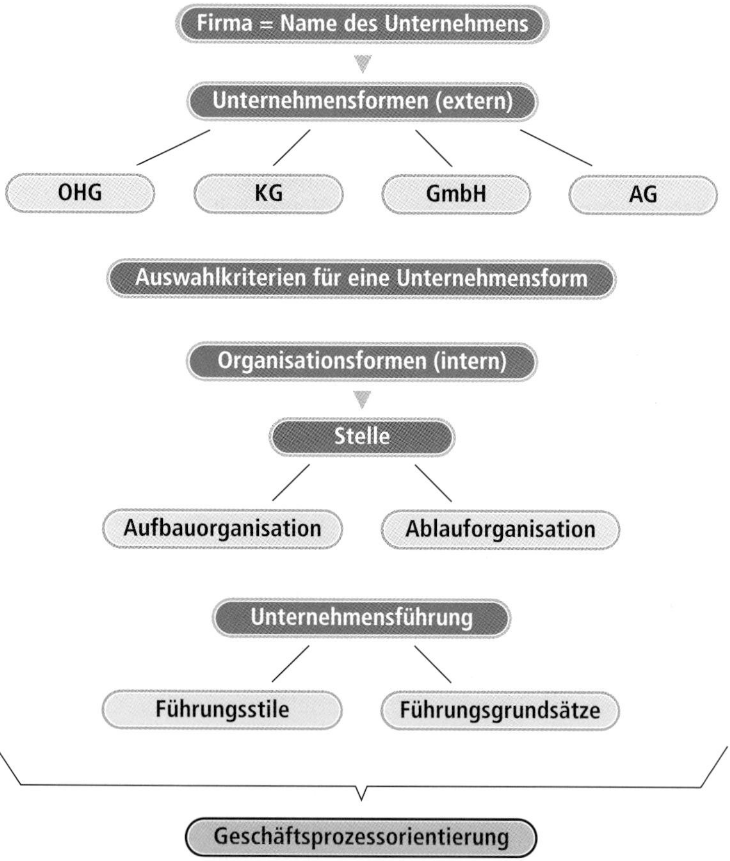

7.1 Firma

▶ Name, unter dem ein Kaufmann gem. § 17 HGB seine Geschäfte betreibt und die Unterschrift abgibt. Er kann unter diesem Namen verklagt werden und klagen.

Firmengrundsätze

1. Firmenwahrheit
2. Firmenbeständigkeit
3. Rechtsformzusatz
4. Firmenausschließlichkeit
5. Firmenöffentlichkeit

Handelsregister

▶ Öffentliches Verzeichnis aller Kaufleute (liegt beim Amtsgericht). Kaufleute sind verpflichtet, ihre Firma eintragen zu lassen (§ 29 HGB). Man unterscheidet Abteilung A (Einzelunternehmen, Personengesellschaften) und Abteilung B (Kapitalgesellschaften). Die Eintragungen werden durch Veröffentlichung in Zeitungen bekannt gemacht.

Inhalte

- Firma
- Sitz des Unternehmens
- Inhaber
- Gegenstand des Unternehmens
- Haftungsverhältnisse
- Rechtsform
- besondere Rechtsverhältnisse

Entscheidungsgründe für die Wahl einer Rechtsform:

Kapitalaufbringung (Kapitalsumme, Personen)

- Haftungsumfang (Voll- oder Teilhafter)
- Steuerrichtlinien (Behandlung des Gewinns)
- Entscheidungsbefugnisse (Geschäftsführung)
- Gewinn- und Verlustrechnung
- rechtliche Vorschriften zur Mitbestimmung

7.2 Unternehmensformen

Unternehmensform/ Firma	Zweck	Gewinnverteilung	Gründer	Stammkapital	Haftung
Einzelunternehmung	Betrieb eines Kaufmanns	Eingetragener Kaufmann	1 Person	Keine Vorschriften	Unbeschränkt, Privat- und Geschäftsvermögen
Offene Handelsgesellschaft (OHG)	Betrieb eines Handelsgewerbes	4 % auf Kapitaleinlage, Verlust nach Köpfen	2 Personen	Keine Vorschriften	Solidarisch, unmittelbar und unbeschränkt mit Kapitaleinlage und Privatvermögen
Kommanditgesellschaft (KG)	Betrieb eines Handelsgewerbes	4 % auf Kapitaleinlage, Rest nach angemessenem Verhältnis	2 Personen	Keine Vorschriften	Komplementär = Vollhafter, Kommanditist = Teilhafter; haben Bilanzkontrolle
Gesellschaft mit beschränkter Haftung (GmbH)	Beliebig	Nach Verhältnis der Geschäftsanteile, Organe: Geschäftsführer, Aufsichtsrat, Gesellschafterversammlung	1 Person	25000,00 EUR	Beschränkt auf Stammkapital
Aktiengesellschaft (AG)	Beliebig	Verhältnis der Aktiennennbeträge, Organe: Vorstand – Aufsichtsrat – Hauptversammlung	1 Person	50000,00 EUR	beschränkt auf Stammkapital
Ltd. = private limited company by shares, für kleine und mittlere Unternehmen	Wie AG und GmbH, kann innerhalb von 24 Stunden gegründet werden	Wie AG und GmbH	1 oder mehr Personen	1 Pfund	Richtet sich nach englischem Recht, benötigt Verwaltung in GB, Geschäftstätigkeit unterliegt dem nationalen Recht

7.3 Organisation

▶ Ziel jeder Organisation ist die optimale Kombination aller betriebswirtschaftlichen Produktionsfaktoren. Sie kann als Tätigkeit, als Zustand oder Institution betrachtet werden.

Betriebliche Organisation

Aufbauorganisation = Betrieb ist in Bereitschaft zu handeln	Ablauforganisation = Betrieb ist in Handlung
- Zerlegung von Gesamtaufgaben in Teilaufgaben - Bildung von Stellen und Abteilungen - Übertragung von Kompetenzen auf einzelne Mitarbeiter - Darstellung des Unternehmensaufbaus - Darstellung der Kommunikationswege im Betrieb - Darstellung von Führungstechniken und -methoden	Darstellung von Regelungen zum Arbeitsablauf: - funktionell - zeitlich - räumlich
Hilfsmittel: - Aufgabengliederungsplan - Stellenbeschreibung - Organigramm	Hilfsmittel: - Arbeitsablaufdiagramm - Netzplan - Balkendiagramm - Datenflussplan - Arbeitsablaufkarte

7.3.1 Aufbauorganisation

Aufgaben im Unternehmen können gegliedert werden nach Verrichtungen (Absatz), Objekten (Waren), Rang (Führungsposition), Phasen (Planung ...) oder Zweckbeziehung (Personalleistungen). Im Folgenden findet durch Aufgabenanalyse und Aufgabensynthese eine Stellenbildung statt.

Aufgabenanalyse	Aufgabensynthese
Ganze Arbeitsprozesse werden in Teilaufgaben zerlegt (Schritt 1).	Zusammenfassung zusammenhängender Teilaufgaben und Zuordnung an Aufgabenträger (Schritt 2).
Ergebnis: Bildung von Stellen und Abteilungen (Schritt 3).	

7.3.2 Ablauforganisation

▶ Gestaltung von Arbeitsprozessen, die zeitlich oder räumlich hintereinander verlaufen. Dadurch sollen die Arbeitskräfte und Betriebsmittel geordnet und die Durchlaufzeiten optimiert werden.

Stelle

▶ Kleinste Organisationseinheit im Unternehmen. Zusammenfassung von Teilaufgaben und Bindung an eine Person

Stellenarten

- Linienstellen (Entscheidungsbefugnis: Abteilungsleiter)
- ausführende Stellen (Sachbearbeiter)
- Stabsstellen (Beratung, z. B. Controlling)

Stellenbeschreibung

▶ Hier werden die Aufgaben und Kompetenzen des Stelleninhabers und seine Einordnung in die Aufbauorganisation des Betriebes festgelegt.

Ziele

- Festlegung klarer Kompetenzen und Zuständigkeiten
- Festlegung von eindeutigen Weisungsbefugnissen
- gerechte Bewertung der Stelleninhaber
- verbesserte Zusammenarbeit der Stelleninhaber

Inhalt

- Stellenbezeichnung
- Aufgabenbereiche, Tätigkeiten, Kompetenzen
- Anforderungen an den Stelleninhaber (Qualifikationen)
- Beurteilungskriterien der Stelle
- Kommunikationsbeziehungen der Stelle (Weisungsbefugnis)

Abteilungsbildung

▶ Mehrere Stellen werden unter einer Leitung zusammengefasst.

Organigramm

▶ Hilfsmittel zur grafischen Aufzeichnung der Organisationsstruktur von Unternehmen, i. d. R. durch Rechtecke dargestellt

Funktion

- Veranschaulichung der Aufgaben und des Aufbaus
- Aufzeigen der Kommunikationsflüsse und Weisungsbefugnisse

Produktorientiert	Funktionsorientiert
Unternehmensleitung Produkt 1: Einkauf, Produktion, Absatz Produkt 2: Einkauf, Produktion, Absatz	Unternehmensleitung Einkauf – Produktion – Absatz

Leitungssysteme

Stellenpyramide

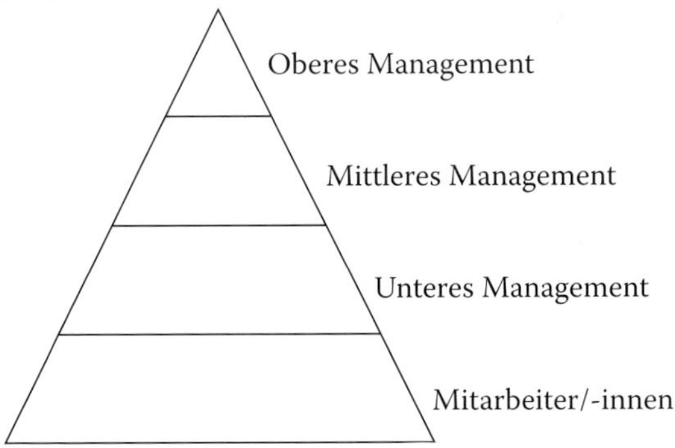

Einliniensystem

▶ Eine übergeordnete Stelle gibt der untergeordneten Stelle Weisungen und umgekehrt Meldungen innerhalb einer Instanz.

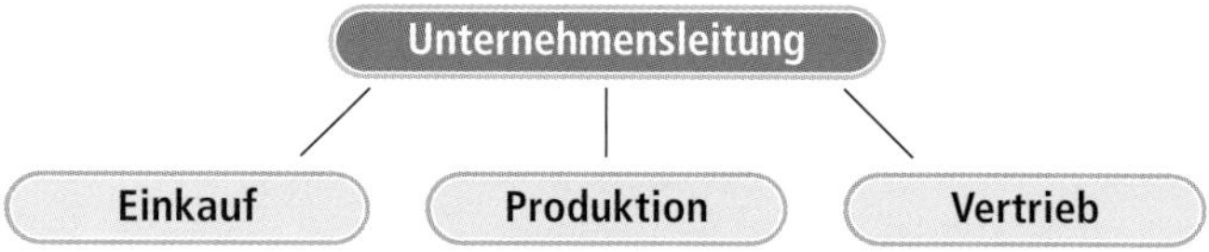

Mehrliniensystem

▶ Mehrere übergeordnete Stellen geben einer untergeordneten Stelle Weisungen und umgekehrt Meldungen.

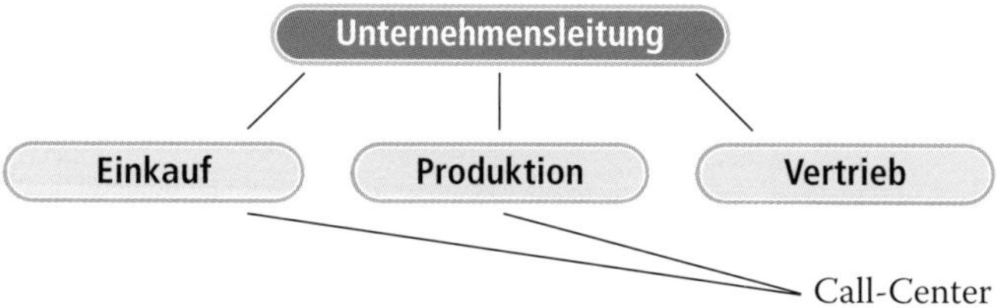

Stabliniensystem

▶ Das Einliniensystem wird durch **Stabstellen**, die das ganze Unternehmen betreffen, ergänzt (Controlling).

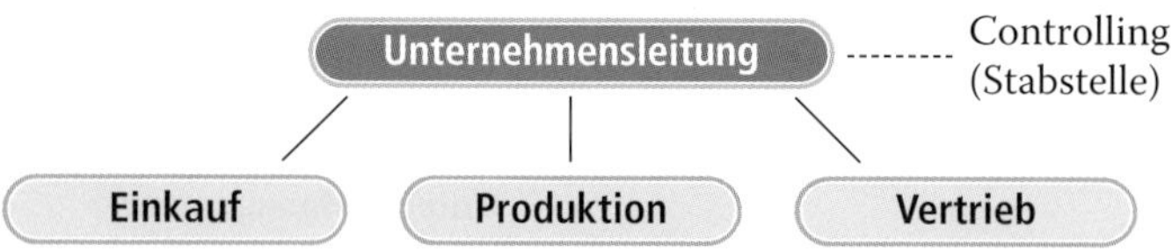

Matrixorganisation

▶ Kombination aus funktions- und produktorientierter Organisation.

Ziele

- Förderung von Teamarbeit
- Entlastung der Unternehmensleitung
- Qualitätsverbesserung durch bessere Kommunikation

Nachteile

- Kompromissentscheidungen notwendig
- längere Entscheidungsdauer

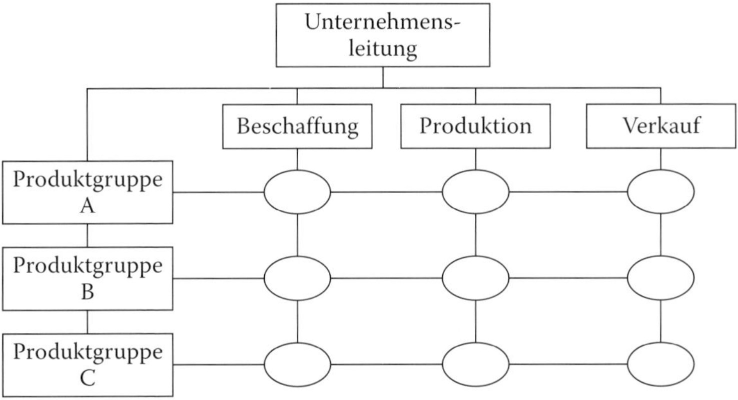

7.3.3 Vollmachten

Prokura

▶ „Ermächtigt zu allen Arten gerichtlicher und außergerichtlicher Geschäfte und Rechtshandlungen (…) irgendeines Handelsbetriebes“ (§ 49 HGB). Prokura wird im Handelsregister eingetragen.

Einzelprokura	Gesamtprokura	Filialprokura
Der Prokurist übt allein die Vollmacht aus.	Prokura ist nur möglich in Verbindung mit einem anderen Prokuristen.	Beschränkung auf die Geschäfte einer Niederlassung

Handlungsvollmacht

▶ „Erstreckt sich auf eine bestimmte Art von Handelsbetrieben“ (§ 54 HGB).

Allgemeine Handlungsvollmacht	Artvollmacht	Spezialvollmacht
Berechtigt zu allen gewöhnlichen Rechtsgeschäften im Handelsgewerbe	Berechtigt zu wiederkehrenden Arten von Tätigkeiten	Berechtigt zu einzelnen speziellen Rechtsgeschäften

Erteilung von Vollmachten

Kaufmann erteilt Prokura:

- allgemeine Handlungsvollmacht
- Artvollmacht
- Einzelvollmacht

7.4 Unternehmensführung

▶ Tätigkeit, die strategische Planung, Grundsatzentscheidungen, Durchführung der Grundsatzentscheidungen und die Kontrolle umfasst

7.4.1 Führungsstile

- autoritär patriarchalisch
- informierend
- kooperativ
- partizipativ
- demokratisch

Autoritärer Führungsstil	Kooperativer Führungsstil
- Machtstellung Vorgesetzter - Ziele/Aufgaben werden vorgegeben. - straffe Führung - wenig Lob der Mitarbeiter/-innen - starke Aufgabenorientierung	- begrenzte Machtstellung - Chef und Mitarbeiter/-innen erarbeiten gemeinsam Aufgaben (Teamarbeit). - Kommunikationskultur - Lob und Motivation der Mitarbeiter/-innen - Personenorientierung

7.4.2 Führungsgrundsätze

Management by Objectives = Führung durch Zielfindung, variable Ziele	Zielsetzungs- und Leistungsprozess soll objektiviert werden, leistungsorientierte Vergütung.	Ziele werden genau festgelegt, klare Festlegung von Aufgaben- und Verantwortungsbereichen, eindeutige Leistungs- und Beurteilungsmaßstäbe. Kontrolle = Soll-/Istvergleich
Management by Delegation = Führung durch klare Aufgaben und Kompetenzverteilung an die Mitarbeiter/-innen	Mitarbeiterinnovation und -motivation sollen gefördert werden, Mitarbeiter/-innen sehen sich als Unternehmer.	Delegation von Aufgaben nicht möglich, stark problemorientiertes Handeln, gutes Kommunikationssystem
Management by Exception = Führung durch Vorgesetzten nur in Ausnahmesituation, Mitarbeiter/-innen entscheiden weitgehend selbst.	Vorgesetzte sollen von Routineaufgaben entlastet werden.	Ausnahmezustände werden definiert.

7.5 Geschäftsprozessorientierung

Geschäftsprozesse

▶ Zusammengehörige Folgen von Tätigkeiten für eine betriebliche Aufgabe. Man unterscheidet Hauptprozesse mit externen Kunden, Serviceprozesse für interne Kunden. Dem Kunden sollen die einzelnen und miteinander vernetzten Bereiche eines Unternehmens als Ganzes präsentiert werden. Damit verbunden ist eine starke Ziel- und Ergebnisorientierung sowie die kundenorientierte Analyse der Kosten. Schnittstellenengpässen soll durch eine größere Mitverantwortung aller Bereiche entgegengewirkt werden. Eine breite Datentransparenz sorgt für eine verbesserte Kommunikation zwischen den Bereichen. Letztlich soll mit diesem Konzept auch die Qualität des Produktes und des Prozesses verbessert werden.

Merkmale

- ganzheitliche Betrachtungsweise
- Ziel- und Ergebnisorientierung
- Problemlösungserarbeitung im Team
- höchste Priorität: Kundennutzen
- unternehmerisches Denken (Kosten-Nutzen-Denken)
- Orientierung an Kunde und Markt

Ziele

- Kundenzufriedenheit
- Durchlaufzeiten werden gesenkt.
- Qualitätsverbesserung
- verkürzte Reaktionszeiten

Arten

- nach Kunden (Haupt- oder Serviceprozesse)
- nach Betrieb (Kern- oder Supportprozesse) = Tätigkeiten, die im Zusammenhang mit internen Kunden stehen
- nach Umfang (Prozesskette)

8 Wirtschaftsordnung und -politik

Staatliche Wettbewerbspolitik

Soziale Marktwirtschaft

Zentralverwaltungswirtschaft

Demokratie
Marktprinzip
Rechtsstaatlichkeit

Wirtschaftspolitische Maßnahmen
Arbeitsmarktpolitik
Stabilitätsgesetz

Konjunkturphasenmodell

Die ökologische Steuerreform

8.1 Staatliche Wettbewerbspolitik

Ziele staatlicher Wettbewerbspolitik

- Beschäftigungssicherung
- ausgeglichene Zahlungsbilanz
- angemessenes Wirtschafts-wachstum
- Förderung innovativer Produkte und Dienstleistungen
- stabiles Preisniveau
- Umweltschutz
- gerechte Verteilung

8.2 Soziale Marktwirtschaft und Zentralverwaltungswirtschaft (ZVW) – Modelle[1]

Kennzeichen	Marktwirtschaft	ZVW
Politik-Hintergrund	Liberalismus	Sozialismus
Produktion	Dezentral	Zentral
Koordination	Markt	Plan
Motivation der Wirtschaftssubjekte	Gewinn	Prämie
Nutzenmaximum	Privateigentum	Staatseigentum

Pfeiler der sozialen Marktwirtschaft

- Demokratie und Rechtsstaatlichkeit der Berufswahl
- Markt-/Leistungs- und Wettbewerbsprinzip wie Marktsicherung (Kartellrecht), Marktregulierung (Konjunkturpolitik), Marktbeeinflussung (Fiskalpolitik)

[1] *Modelle beschreiben immer nur Idealtypen, die in der Praxis so nicht eintreten.*

8.2.1 Wirtschaftspolitische Maßnahmen[1]

Ordnungspolitik u. a.	Strukturpolitik u. a.
Kartellrecht (GWB)[2]	Subventionen
Fusionskontrolle	Fiskalpolitik
Schutz vor unlauterem Wettbewerb	Regionalstrukturpolitik

8.2.2 Arbeitsmarktpolitik[3]

▶ Auf dem Arbeitsmarkt treffen Arbeitgeber, also die Anbieter von Arbeit, zusammen mit den Arbeitnehmern, also den Nachfragern nach Arbeit. Erwerbstätige sind dabei alle Personen, die zur Erzielung von Einkommen arbeiten, also Arbeiter, Angestellte, Beamte, Hilfsarbeiter.

Mögliche Ursachen der Arbeitslosigkeit

Saisonale Nachfrageschwankungen	Konjunkturelle Nachfrageschwankungen
Sektorale Veränderungen in der Wirtschaftsstruktur	Wechsel der Arbeitsverhältnisse, z. B. aufgrund von Zeitverträgen
Globalisierung und Outplacement	Unzureichende Qualifikation der Arbeitsuchenden
Unflexibilität der Arbeitsmärkte, z. B. durch Tarifverhandlungen	Unflexibilität und Immobilität der Arbeitsuchenden

Begriff der versteckten Arbeitslosigkeit

▶ Alle Arbeitsuchenden, die sich nicht bei der Arbeitsagentur registrieren lassen, oder sich in Umschulungsmaßnahmen befinden oder im vorzeitigen Ruhestand sind. Langzeitarbeitslosigkeit liegt vor, wenn Arbeitslose länger als ein Jahr ohne Arbeit sind.

$$\text{Arbeitslosenquote} = \left(\frac{\text{Arbeitslosenzahl}}{\text{Arbeitskräftepotenzial}}\right) \cdot 100\,\%$$

---

[1] *Vgl. auch http://www.bundeskartellamt.de, http://www.who.org, http://www.un.org, http://www.opec.org, http://www.ezb.int, www.wto.org*

[2] *GWB = Gesetz gegen den unlauteren Wettbewerb*

[3] *Vgl. auch http://www.arbeitsagentur.de*

8.2.3 Geldpolitik

Politikbereich, bei dem die Geldströme den Konjunkturverlauf und die Wirtschaftsleistung beeinflussen. Dabei spielen die Begriffe **Inflation** und **Deflation** eine große Rolle

Inflation = Geldmenge > Menge an Gütern und Dienstleistungen	Deflation = Menge an Gütern und Dienstleistungen > Geldmenge

Die Europäische Zentralbank (EZB, Sitz in Frankfurt am Main)

Organ der Europäischen Union, bildet mit den nationalen Zentralbanken der EU das Europäische System der Zentralbanken (ESZB). Besitzt institutionelle und personelle Unabhängigkeit. Der Rat besteht aus geschäftsführenden Direktoren und nationalen Notenbankpräsidenten. Außerdem besitzt die EZB operative Unabhängigkeit, d. h., sie ist bei Einsatz und Auswahl ihrer Instrumente frei.

8.2.4 Wirtschaftspolitische Messgrößen

Bruttosozialprodukt = Der zu Marktpreisen gemessene Wert aller in einer Periode erstellten Güter und Dienstleistungen, die von den Staatsbürgern innerhalb einer Volkswirtschaft erwirtschaftet wurden (Inländerkonzept)	**Bruttoinlandsprodukt** = Die prozentuale Veränderung des realen Bruttosozialprodukts eines Jahres gegenüber dem Vorjahr. Wenn man vom Bruttosozialprodukt zu Marktpreisen (nominales BSP) die Preissteigerungsrate abzieht (Inflationsrate), erhält man das aussagekräftigere reale Bruttosozialprodukt.
Import = Einfuhr von Waren aus dem Ausland	**Export** = Ausfuhr von Waren ins Ausland
Zahlungsbilanz = Umfasst alle außenwirtschaftlichen Transaktionen, Zahlungsforderungen, Zahlungsverbindlichkeiten gegenüber dem Ausland **Aktive Zahlungsbilanz** = Forderungen > Verpflichtungen **Passive Zahlungsbilanz** = Forderungen < Verpflichtungen	**Leistungsbilanz** = Teil der Zahlungsbilanz; besteht aus: - Handelsbilanz (Ex-/Import Sachgüter) - Dienstleistungsbilanz (Ex-/Import Dienstleistungen)
Vermögensbilanz = Grenzüberschreitende Schenkungen	**Kapitalbilanz** = Alle Forderungen und Verbindlichkeiten gegenüber dem Ausland werden erfasst.

Devisenbilanz = Alle Veränderungen der Devisenreserven werden in der Zentralbank erfasst (Devisenzu-/abflüsse).	**Ökobilanz** = Analyse von Produkten, Stoffen und Prozessen unter ökologischen Gesichtspunkten (Bilanz hier = Gegenüberstellung)
Lohnquote = Gibt den Anteil der Personalkosten am Umsatz an	**Lebenshaltungskostenindex** = Ermittlung der Kosten, die von einer Person aufgebracht werden müssen, um die Lebenshaltung zu finanzieren
Inflationsrate = Preissteigerungsrate	**Arbeitslosenquote** = Anteil der Arbeitslosen an der Gesamtzahl der Arbeitnehmer

8.2.5 Stabilitätsgesetz von 1967

- Stabilität des Preisniveaus
- hoher Beschäftigungsstand
- außenwirtschaftliches Gleichgewicht
- stetiges und angemessenes Wirtschaftswachstum: quantitativ und qualitativ (siehe unten)

Quantitatives und qualitatives Wachstum

Das Stabilitätsgesetz von 1967 sieht vor allem ein quantitatives Wachstum vor, d. h. eine Zunahme der materiellen Produktion. Aufgrund der zunehmenden weltweiten Umweltverschmutzung und der Vergrößerung des Ozonloches wird aber immer mehr Kritik an diesem Konzept laut: Die ohnehin knappen Ressourcen werden mehr und mehr abgebaut, die Umwelt belastet. Außerdem werden dadurch nicht – wie behauptet – mehr Arbeitsplätze geschaffen, sondern es wird zunehmend mit Maschinen produziert. Die Globalisierung und damit das Outplacement trägt ebenfalls zu dieser Entwicklung bei. Kritiker fordern daher die Steigerung der Lebensqualität durch Konsumverzicht und Aufstellen neuer Wohlstandsindikatoren wie Gesundheit, Bildung, Freiheit und Umweltqualität sowie Arbeitszufriedenheit.

8.3 Konjunkturphasenmodell

Die Wirtschaftsleistung verändert sich im Laufe der Zeit (Konjunkturphasen). Sie ist abhängig von politischen Entwicklungen sowie von Bedürfnis- und Einkommensstrukturen.

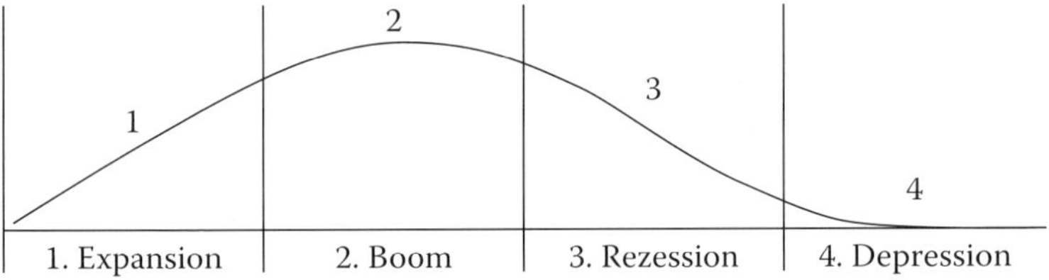

8.3.1 Beschreibung der Phasen

Expansion	Boom
- Nachfrage nach Gütern/Dienstleistungen steigt - hohe Produktionsleistung - Preissteigerungen durch höhere Nachfrage - Arbeitsangebot gut - hohe Löhne - Konsumneigung steigt – mehr Kredite – höhere Zinsen - Gewinne steigen	- Kapazitäten voll ausgelastet - Vollbeschäftigung - Einkommen, Preise, Zinsen steigen - Marktsättigung - Bruttoinlandsprodukt stagniert
Rezession	**Depression**
- Nachfrage sinkt - Kapazitätsauslastung sinkt - Löhne, Gehälter, Zinsen sinken - keine Neuinvestitionen - Bruttoinlandsprodukt sinkt	- Nachfrage auf niedrigem Niveau - Löhne, Preise, Zinsen sinken - Sparneigung steigt - ggf. Nachfrage aus dem Ausland

8.3.2 Konjunkturprognose

Zur Analyse und Prognose von Konjunkturverläufen bedient man sich sogenannter „Konjunkturindikatoren“:

- Frühindikator (Baugenehmigungen, Umsatzerwartungen)
- Gegenwartsindikator (Kapazitätsauslastung)
- Spätindikator (Arbeitslosenquote)

8.3.3 Konjunkturauswirkungen mithilfe der Wirtschaftspolitik

► Wirtschaftspolitik resultiert aus den Beratungen des sogenannten Sachverständigenrates („Fünf Wirtschaftsweise"), der aus Wirtschaftswissenschaftlern besteht. Diese legen bis zum 15. November jedes Jahres das Jahresgutachten vor, das ein Urteil über die gesamtwirtschaftliche Lage und die wirtschaftliche Entwicklung enthält sowie Empfehlungen zu wirtschaftspolitischen Maßnahmen (Gesetz über die Bildung eines Sachverständigenrates zur Begutachtung der gesellschaftlichen Entwicklung). Die Regierung nimmt dann bis 31. Januar in ihrem Jahreswirtschaftsbericht Stellung und legt die zukünftigen wirtschafts- und finanzpolitischen Maßnahmen dar, die dann wiederum in den Haushaltsplan der Bundesregierung münden (Stabilitätsgesetz).

Wirtschaftspolitisches Instrument	Dämpfend	Fördernd
Steuerpolitik	Verteuerung der Produkte	Verbilligung der Produkte
Sparpolitik	Konsumverzicht	Konsumneigung
Subventionspolitik	Verteuerung der Exporte	Verbilligung der Exporte

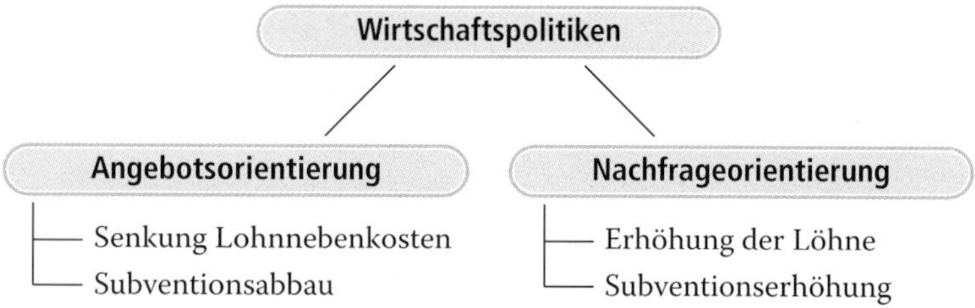

8.4 Die ökologische Steuerreform

► Dient dem Schutz der Umwelt und soll zu einem qualitativen Wirtschaftswachstum beitragen, indem die Schonung der natürlichen Ressourcen im Vordergrund steht. Als Maßnahmen sind z. B. die Förderung von Alternativenergien (Wasser, Wind, Fotovoltaik u. v. m.) und Innovationen im Energiebereich (Passivhäuser) vorgesehen.

9 Rechnungswesen

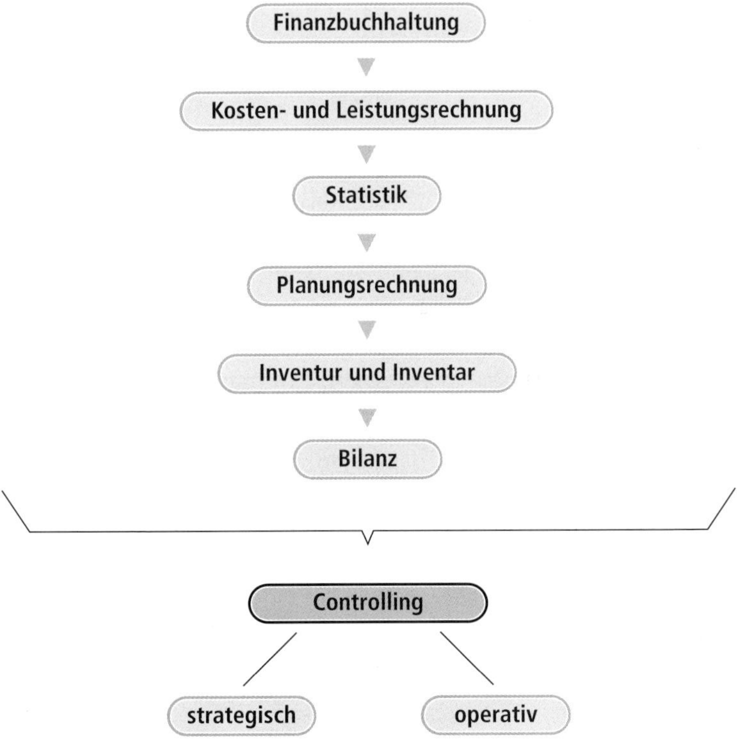

► Rechnungswesen umfasst das systematische zahlenmäßige Erfassen, Aufbereiten, Analysieren, Auswerten und Darstellen von Zahlen als Mengen- und Wertgrößen aller wirtschaftlichen Tatbestände eines Betriebes und seiner Beziehungen zu anderen Betrieben.

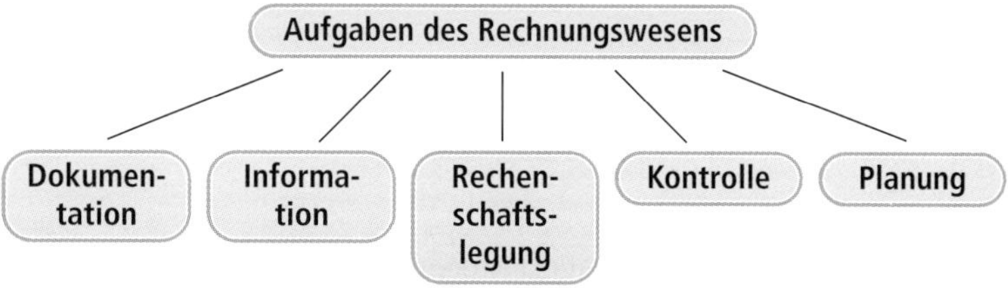

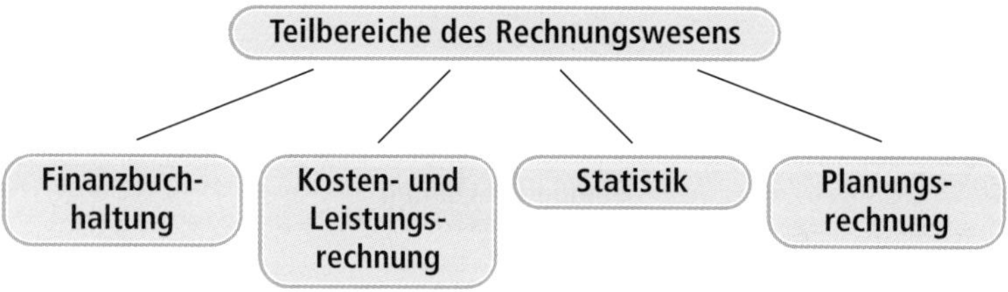

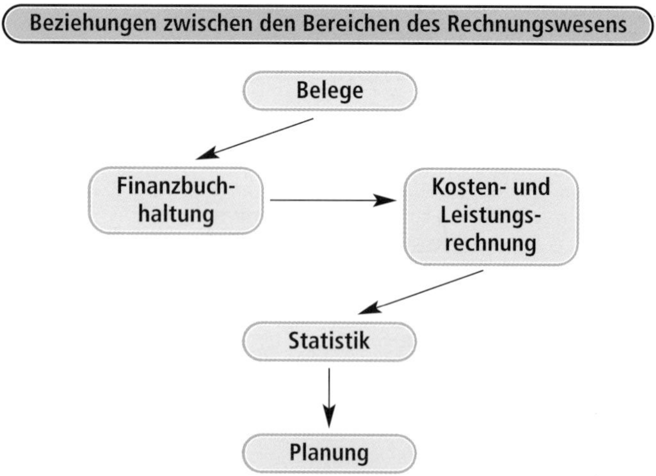

Begriffe des Rechnungswesens

Kontenrahmen	Systematische Gliederung sämtlicher Konten, für alle Unternehmen einer Branche erforderlich. Jedes Konto hat eine vierstellige Kontennummer, die sich durch eine Einteilung in Kontenklassen, Kontengruppen, Kontenarten und Kontenunterarten ergibt. So ist eine klare Übersicht und die Vergleichbarkeit mit anderen Unternehmen sowie eine Vereinfachung der Buchungsarbeit und eine vereinfachte Prüfung gewährleistet.
Kontenplan	Aus der Menge der zur Verfügung stehenden Konten sucht sich das Unternehmen die passenden Konten heraus und erstellt seinen eigenen Kontenplan.
Industriekontenrahmen	Der Industriekontenrahmen ist nach dem Zehnersystem aufgebaut und bildet den Rechnungskreis I (Finanzbuchhaltung – Kontenklassen 0–8) und II (Betriebsbuchhaltung – Kontenklasse 9) ab.
Grundbuch	Enthält alle Buchungssätze in zeitlich richtiger Reihenfolge
Hauptbuch	Enthält sämtliche Sachkonten mit den richtigen Buchungen
Kontokorrentbuch	Kunden-/Liefererkonten
Lohnbuch	Übersicht über Löhne/Gehälter

9.1 Finanzbuchhaltung

1. Erfassen der Geschäftsvorgänge auf Konten
2. Bewerten von Vermögen und Schulden (GuV[1], Bilanz)
3. Analysieren der Bilanz und GuV mithilfe von Kennzahlen: Rentabilität, Liquidität, Anlagendeckung, Wirtschaftlichkeit u. a.

---

[1] *GuV = Gewinn- und Verlustrechnung*

Gründe für die Finanzbuchhaltung

Ökonomisch	Gesetzlich
- Ermittlung von Vermögen und Schulden sowie Übersicht über die Veränderungen - Lieferung von Zahlen für Kosten-/Preiskalkulation - Bewertung von fertigen/unfertigen Erzeugnissen und Eigenleistungen - Kontrolle der Kosten und der Wirtschaftlichkeit - Grundlage für Entscheidungen für Externe: Lieferanten, Behörden u. a.	- § 238 Abs. 1 HGB – Buchführungspflicht - § 5 Abs. 1 EStG – Buchführungspflicht nach Steuerrecht - § 140 f. AO

9.1.1 Vorgehensweise bei Buchungen

1. Für jeden Geschäftsgang mit Beleg wird ein Buchungssatz gebildet, z. B. Bareinzahlung auf ein Bankkonto (Bank an Kasse).
2. Zuerst erfolgt die Sollbuchung, dann die Habenbuchung (Soll an Haben).
3. Die Buchungssätze werden im Grundbuch eingetragen.
4. Die Anfangsbilanz wird in Konten aufgelöst, hier werden die Anfangsbestände eingetragen (AB auf der Sollseite bei Aktivkonten, auf der Habenseite bei Passivkonten).
5. Die Konten für die Erfolgsbuchungen werden eingerichtet.
6. Die Geschäftsvorfälle werden gebucht (Soll an Haben mit Angabe des Gegenkontos).
7. Dann werden die Konten abgeschlossen:
   Bestandskonten-Saldo (SBK)
   Erfolgskonten-Saldo (GuV)
   Vorsteuer über Mehrwertsteuer
8. Am Ende werden die Schlussbilanz und die Gewinn- und Verlustrechnung aufgestellt.

9.1.2 Grundsätze ordnungsgemäßer Buchführung

1. Es sind gemäß § 238 Abs. 1 HGB Bücher zu führen.
2. Die Buchführung muss vom System her nachprüfbar sein.
3. Bei der doppelten Buchführung sind die Geschäftsvorfälle in zeitlicher Reihenfolge im Grundbuch und nach sachlichen Gesichtspunkten im Hauptbuch aufzuzeichnen.

4. Die Aufstellung muss in deutscher Sprache und in Euro erfolgen.
5. Eintragungen dürfen nur dann geändert werden, wenn der frühere Inhalt noch feststellbar ist.
6. Keine Buchung ohne Beleg
7. Keine Buchung ohne Gegenbuchung
8. Alle Geschäftsbücher müssen zehn Jahre aufbewahrt werden.
9. Die Dauer des Geschäftsjahres darf zwölf Monate nicht überschreiten.
10. Es gilt das Prinzip der Einzelbewertung.

9.1.3 Inventur und Inventar

Inventur

▶ Körperliche Bestandsaufnahme zu Beginn eines Handelsgewerbes und am Schluss eines Geschäftsjahres. Gesetzliche Grundlage: § 240, Abs. 1, 2 HGB, § 141 f. AO

Inventurarten

Körperliche Inventur	Mengenmäßige Bestandsaufnahme und anschließende Bewertung, z. B. Vorräte, Fuhrpark u. a.
Buchinventur	Ermittlung des nichtkörperlichen Vermögens, z. B. Darlehen
Vollinventur	Aufnahme aller Vermögensgegenstände und Schulden
Stichprobeninventur	Inventur mittels Stichproben
Stichtagsinventur	Inventur zum Bilanzstichtag, großer Arbeitsanfall
Zeitlich verlegte Inventur	Gemäß § 241 Abs. 3 HGB o. Abschnitt 30 Abs. 3 EStR innerhalb der letzten drei Monate vor Bilanzstichtag oder innerhalb zwei Monate nach Bilanzstichtag durchgeführte Inventur. Nach dem Bilanzstichtag werden alle Zugänge seit Bilanzstichtag vom Wert des Aufnahmetages abgezogen, alle Abgänge zugezählt → Rückrechnung. Vor dem Bilanzstichtag werden alle Zugänge zwischen Aufnahmetag und Bilanzstichtag dem Wert zugerechnet, alle Abgänge werden abgezogen → Fortschreibung.
Permanente Inventur	Der am Abschluss-Stichtag vorhandene Bestand des Vorrates kann nach Art, Menge und Wert auch ohne gleichzeitige körperliche Bestandsaufnahme festgestellt werden.

Inventar

▶ Verzeichnis aller Vermögensgegenstände am Bilanzstichtag

Anforderungen

- Vollständigkeit – Richtigkeit – Dauer des Geschäftsjahres
- Zulässigkeit des Inventurverfahrens – Unterzeichnung – Aufbewahrungsfrist (10 Jahre gemäß § 257 Abs. 4 HGB)

Gliederung des Inventars

Anlagevermögen	Langfristige Nutzung
Umlaufvermögen	Ständige Veränderung des Vermögens
Langfristige Schulden	Hypothekenschulden
Kurzfristige Schulden	Verbindlichkeiten LL
Reinvermögen (EK)	Vermögen – Schulden

9.1.4 Bilanz

▶ Kurzgefasste Übersicht des Inventars in Form einer Gegenüberstellung von Aktiva und Passiva in Konten- oder Staffelform (gemäß § 242 Abs. 1 HGB).

Aktiva	Passiva
I. Anlagevermögen	I. Eigenkapital
1. Gebäude	
2. Maschinen	II. Fremdkapital
3. Werkzeuge	1. Hypotheken
4. Betriebs- und Geschäftsausstattung	2. Darlehen
	3. Verbindl. LL
5. Fuhrpark	4. Sonst. Verb.
II. Umlaufvermögen	
1. Rohstoffe	
2. Hilfsstoffe	
3. Betriebsstoffe	
4. Unfertige Erzeugnisse	
5. Fertige Erzeugnisse	
6. Forderungen aus LL	
7. Kassenbestand	
8. Bankguthaben	

Wertveränderungen in der Bilanz

Art	Wirkung	Beispiel
Aktivtausch	Bilanzsumme verändert sich nicht.	Kauf eines Bürostuhls in bar
Passivtausch	Bilanzsumme verändert sich nicht.	Kleinkredit wird in eine Hypothek umgewandelt
Aktiv-Passiv-Mehrung	Bilanzsumme wird größer.	Einkauf von Hilfsstoffen auf Ziel
Aktiv-Passiv-Minderung	Bilanzsumme wird kleiner.	Tilgung einer Verbindlichkeit durch Banküberweisung

Bestandskonten

- Konten, die dauerhaften Bestand haben, z. B. Maschinen, Fuhrpark, Rohstoffe, Bankguthaben, Kasse, Darlehen, Hypothekenschulden, Verbindlichkeiten

Abschluss

Anfangsbestand
– Abgänge
= Endbestand (Saldo)

Erfolgskonten

- Konten, die den Erfolg des Unternehmens beeinflussen. Sie haben im Gegensatz zu Bestandskonten keine Anfangsbestände und beeinflussen das Eigenkapital der Schlussbilanz. Zu ihnen gehören Aufwendungen und Erträge.

Aufwendungen = Minderung des Eigenkapitals auf der Sollseite	**Erträge** = Mehrung des Eigenkapitals auf der Habenseite
Beispiel: Mietaufwendungen, Zinszahlungen, Abschreibungen	Beispiel: Umsatzerlöse, Zinserträge, Mieterträge
Buchung: immer auf der Sollseite	Buchung: immer auf der Habenseite
Beispiel: Zahlung von Ausbildungsgehältern per Überweisung	Beispiel: Zahlung von Miete auf Konto
Löhne an Bank	Mieterträge an Bank

Gewinn- und Verlustkonto

- Abschlusskonto für Erfolgskonten
- Gegenüberstellung von Aufwendungen und Erträgen

- zuständig für die Ermittlung des Unternehmenserfolges
- Erträge > Aufwendungen = Gewinn
  Aufwendungen > Erträge = Verlust

Abschlussbuchungen:

1. Abschluss der Aufwandskonten → Saldo ins GuV
2. Abschluss des GuV-Kontos:
   Saldo = Gewinn → Eigenkapital Haben
   Saldo = Verlust → Eigenkapital Soll

Übersichtsplan Buchungen (stark vereinfachtes Schema)

Inventur

Inventar

Schlussbilanz des Vorjahres

Eröffnungsbilanz

Aktiva	Passiva
Rohstoffe	Eigenkapital
Bank	Verbindlichkeiten
Summe	Summe
Ort, Datum	Unterschrift

Hauptbuch

Eröffnungsbilanzkonto

Aktiva	Passiva
Eigenkapital	Rohstoffe
Verbindlichkeiten	Bank

Rohstoffe

S	H
EBK	SBK
Saldo	
Summe	Summe

Bank

S	H
EBK	Saldo
	SBK

Eigenkapital

S	H
EBK	EBK

Verbindlichkeiten

S	H
	EBK
SBK	Saldo

Schlussbilanzkonto (SBK)

S	H
Rohstoffe	Eigenkapital
Bank	Verbindlichkeiten

Inventur

Inventar

Schlussbilanz
Bank

Aktiva	Passiva
Rohstoffe	Eigenkapital
Bank	Verbindlichkeiten
Summe	Summe
Ort, Datum	Unterschrift

9.1.5 Die Umsatzsteuer

Rechtliche Grundlagen	Steuersätze
§ 1 UStG besagt, - dass der Umsatzsteuer (...) die Lieferungen und sonstigen Leistungen unterliegen, die ein Unternehmen im Inland gegen Entgelt im Rahmen seines Unternehmens ausführt. (...) (Weiteres vgl. dort) Die Mehrwertsteuer entsteht durch den sogenannten „Mehrwert" von Waren, der durch die verschiedenen Umsatzstufen entsteht (Hersteller, Großhandel, Einzelhandel, Endverbraucher). Sie wird deshalb auch als „durchlaufender" Posten bezeichnet, den letztlich der Verbraucher zahlt.	- Allgemeiner Steuersatz: 19 % (§ 12 Absatz 1 UStG) - Ermäßigter Steuersatz: 7 % (§ 12 Absatz 2 UStG) z. B. für Lebensmittel, Blumen, Druckerzeugnisse

Buchung beim Einkauf	Buchung beim Verkauf
Einkauf von PCs für ein neues Büro: BGA, Vorsteuer[1] an Verbindlichkeiten	Verkauf von Waren bar: Kasse an Umsatzerlöse an Umsatzsteuer
Zahllast = Differenz zwischen gezahlter „Vorsteuer" und „berechneter" Umsatzsteuer. Sie wird i. d. R. monatlich am 15. eines Folgemonats an das Finanzamt überwiesen.	Gezahlte Vorsteuer: 3 000,00 EUR Berechnete Umsatzsteuer: 5 000,00 EUR Zahllast: 5 000,00 – 3 000,00 EUR = 2 000,00 EUR Buchung zur Ermittlung der Zahllast: Umsatzsteuer an Vorsteuer: 2 000,00 EUR Buchung zur Überweisung an das Finanzamt: Umsatzsteuer an Bank: 2 000,00 EUR

[1] *Beim Einkauf heißt die Mehrwertsteuer Vorsteuer, beim Verkauf Umsatzsteuer.*

9.1.6 Das Privatkonto

▶ Konto des Einzelunternehmens bzw. eines Vollhafters

Aufgaben

Das Privatkonto erfasst Entnahmen privater Art, z. B. für Lebens- und Krankenversicherung.

Wirkungen

Privat*entnahmen* mindern, Privat*einlagen* erhöhen das Eigenkapital.

Geldeinlagen Buchung im Privatkonto auf Habenseite	Eine Erbschaft wird in den Betrieb gesteckt.	Bank an Privat
Sacheinlagen	Eine Immobilie wird eingebracht.	Immobilien an Privat
Geldentnahmen	Der Privatunternehmer bezahlt seine Krankenversicherung.	Privat an Bank
Sachentnahmen	Der Inhaber eines Lebensmittelgeschäfts entnimmt Obst.	Privat an steuerpflichtigen Eigenverbrauch an USt.
Abschluss	Das Privatkonto wird über das Konto Eigenkapital abgeschlossen, der steuerpflichtige Eigenverbrauch wird über das GuV-Konto abgeschlossen.	

9.1.7 Buchen von Geschäftsvorfällen

Mithilfe von Buchungssätzen werden Geschäftsfälle in buchbare Möglichkeiten umgewandelt. An folgendem Beispiel sollen die einfachen und zusammengesetzten Buchungssätze erklärt werden:

Die Palmu KG kauft für die Marketing-Abteilung einen neuen PC im Wert von 2 800,00 EUR auf Ziel.

Einfacher Buchungssatz	Zusammengesetzter Buchungssatz
BGA an Verbindlichkeiten 2 800,00 EUR	BGA und Vorsteuer an Verbindlichkeiten 2 800,00 EUR

Vorgehen beim Buchen von Geschäftsfällen

1. Aufstellen der Bilanz mit Anfangsbeständen (AB)
2. Kontenerstellung (Bestandskonten)
3. Eintragung der Anfangsbestände in die Bestandskonten (Aktivkonten = links, Passivkonten = rechts)
4. Erfolgskonten
5. Buchen der Geschäftsvorgänge:
   a) Um welche Konten handelt es sich?
   b) Sind dies Bestands- oder Erfolgskonten?
   c) Handelt es sich um Mehrung oder Minderung?
   d) Buchung auf beiden Konten jeweils im Soll und im Haben
   e) Immer erst Soll, dann Haben buchen
6. Abschluss der Bestandskonten auf das Schlussbestandskonto (Abschlussbilanz)
7. Abschluss der Erfolgskonten über das GuV-Konto
8. Abschluss der Vorsteuer über Mehrwertsteuer und GuV
9. Abschluss der Bestandsveränderungen
10. Abschluss der Bilanz

9.1.8 Organisation beim Buchen

Bearbeitungsschritte	Belege
1. Aufbereitung (Kontierung) von Belegen 2. Überprüfung der sachlichen und rechnerischen Richtigkeit 3. Nummerierung 4. Vorkontierung mithilfe eines Kontenplanes 5. Buchung im Grundbuch und Hauptbuch 6. Ablegen nach Buchung 7. Aufbewahrung gemäß § 257 HGB zehn Jahre lang	Interne Belege: - Ausgangsrechnungen - Quittungen - Gutschriften für Kunden - Lohn- und Gehaltslisten - Materialentnahmescheine Externe Belege: - Eingangsrechnungen - Kontoauszüge - Begleitbriefe zu Schecks

Beispiel Grundbuch	Beispiel Hauptbuch
Belegdatum Beleg-Nr. Buchungstext Soll Haben	Konto Bankguthaben Datum Beleg-Nr. Buchungs-Nr. Soll Haben
Nebenbücher dienen der besonderen Erläuterung des Hauptbuches.	- Kontokorrentbuch - Debitorenbuchung = Forderungen an Kunden - Kreditorenbuchung = Verbindlichkeiten an Lieferanten

9.1.9 Beschaffungsbuchungen

In einem Industriebetrieb werden folgende Stoffe unterschieden:

1. Rohstoffe → gehen direkt in die Produktion ein, z. B. Stahl
2. Hilfsstoffe → gehen in das Produkt ein, z. B. Öl
3. Betriebsstoffe → gehen in das Produkt als Kosten ein
4. Fremdbauteile → gehen als fertige Bestandteile in das Produkt ein

Daraus ergeben sich folgende Konten:

Bestandskonten	Rohstoffe, Hilfsstoffe, Betriebsstoffe, Fremdbauteile
Unterkonten Bezugskosten	Bezugskosten für Roh-, Hilfs-, Betriebsstoffe, Fremdbauteile
Unterkonten Anschaffungspreisminderungen	Nachlässe für Roh-, Hilfs-, Betriebsstoffe, Fremdbauteile

Berechnung der Anschaffungskosten

Anschaffungspreis	Listeneinkaufspreis
+ Nebenkosten netto	Transportkosten, Provision
– Anschaffungsminderungen	Skonto, Rabatte
= Aktivierungspflichtige Anschaffungskosten	

Besondere Buchungen bei der Beschaffung

Anschaffungsnebenkosten	
Frachtkosten	Bezugskosten für Hilfsstoffe Vorsteuer an Verbindlichkeiten
Nachträgliche Minderungen Skonti oder Rabatte	Verbindlichkeiten an Nachlässe für Hilfsstoffe an Bank Steuerkorrekturbuchung am Monatsende: Nachlässe für Hilfsstoffe an Vorsteuer[1]
Abschluss der Unterkonten: Das Konto Bezugskosten wird über das jeweilige Überkonto abgeschlossen.	Nachlässe für Hilfsstoffe an Hilfsstoffe

[1] *Bruttomethode bedeutet: am Ende der Abrechnungsperiode; Nettomethode bedeutet: bei jeder einzelnen Buchung.*

Aktivierungspflichtige Anschaffungskosten: Die Anschaffungskosten errechnen sich wie folgt: Anschaffungspreis + Anschaffungsnebenkosten = Zwischensumme – Rabatt – Skonto = Aktivierungspflichtige Anschaffungskosten	Konten: Gebäude S / H AK |
Rücksendungen: Hier handelt es sich um Gutschriftsanzeigen, bei denen die Vorsteuer zu korrigieren ist und die Verbindlichkeiten abnehmen.	Verbindlichkeiten an Hilfsstoffe an Vorsteuer

Werkstoffverbrauch mithilfe von Materialentnahmescheinen	Hilfsstoffaufwendungen an Hilfsstoffe
Werkstoffverbrauch durch Inventur	Betriebsstoffaufwendungen an Betriebsstoffe
Anfangsbestand + Zugänge – Endbestand lt. Inventur = Verbrauch	

Buchungen beim Verkauf von Fertigerzeugnissen

Verkauf eigener Erzeugnisse: AR2	Forderungen an Umsatzerlöse an Umsatzsteuer
Skonti, Boni, sonstige Preisnachlässe	Bankguthaben Erlösberichtigungen an Forderungen Korrektur der Umsatzsteuer: Umsatzsteuer an Erlösberichtigungen
Rücksendungen von Kunden	Umsatzerlöse Umsatzsteuer an Forderungen a. LL
Konto Umsatzerlöse für eigene Erzeugnisse	**Umsatzerl. f. e. Erzeugnisse** Rücksendungen Verkäufe Erlösberichtigungen

Bestandsveränderungen

▶ Wenn in einem Industriebetrieb Produktions- und Absatzmengen der fertigen Erzeugnisse in einer Abrechnungsperiode übereinstimmen, ergibt sich der Erfolg aus der verkauften Menge und den Herstellungsaufwendungen.

Produktionsmenge > Absatzmenge = Bestandsmehrung

▶ Die Herstellungsaufwendungen werden – bei gleichen Umsatzerlösen – um den Herstellungswert des Mehrbestandes gekürzt oder die Umsatzerlöse werden um den Herstellungswert des Mehrbestandes erhöht.

Der Mehrbestand wird nicht direkt auf dem GuV-Konto gebucht, sondern auf dem Konto Bestandsveränderungen an fertigen Erzeugnissen.

Beispiel:

Produzierte Menge	500 Stück
Herstellungsaufw.	50 000,00 EUR
Herstellungsaufw.	100,00 EUR
Abgesetzte Menge	400 Stück
Absatzpreis/Stück	120,00 EUR
Umsatzerlöse:	48 000,00 EUR

Buchung

1. Abschluss Aufwandskonto GuV an Diverse Aufwendungen
2. Abschluss Umsatzerlöse Umsatzerlöse an GuV
3. Buchung Bestandsmehrung Fertige Erzeugnisse
   an Bestandsveränderung
   Fertige Erzeugnisse
4. Abschluss Fertige Erzeugnisse
   SBK an Fertige Erzeugnisse
5. Abschluss Bestandsveränderungen Fertige Erzeugnisse an GuV

Beschaffung und Verkauf von Handelswaren

Handelswaren = Produkte, die ein Unternehmen ohne Weiterverarbeitung verkauft	Bestandskonto Handelswaren für die Beschaffung Abschluss über SBK

Buchungen

Ertragskonto Umsatzerlöse für Handelswaren für den Verkauf Abschluss über GuV-Konto	Einkauf auf Ziel Handelswaren Vorsteuer an Verbindlichkeiten
Verkäufe auf Ziel Forderungen an Umsatzerlöse für Handelswaren an Umsatzsteuer	Wareneinsatz: AB + Einkäufe – Endbestand lt. Inventur = Wareneinsatz Aufwendungen für Handelswaren an Handelswaren
Warenrohgewinn: Er ergibt sich aus der Gegenüberstellung von Handelswaren und Aufwendungen für Handelswaren im GuV-Konto.	Umsatzerlöse aus Handelswaren – Aufwendungen für Handelswaren = Warenrohgewinn

Personalwirtschaft

Lohn- und Gehaltsabrechnung

Die Lohnsteuer ergibt sich aus der Lohnsteuertabelle, die nach Familienstand gegliedert ist, die Kirchensteuer beträgt 8 oder 9 % je nach Bundesland, der Solidaritätszuschlag beträgt 5,5 % der Lohnsteuer. Der Arbeitnehmeranteil zur Sozialversicherung umfasst die Kranken-, Pflege-, Arbeitslosen- und Rentenversicherung.

Bruttogehalt

- Lohnsteuer
- Solidaritätszuschlag
- Kirchensteuer
- Arbeitnehmeranteil zur Sozialversicherung = Nettogehalt (Auszahlungsbetrag)
- Bruttolöhne werden auf den Aufwandskonten Löhne und Gehälter gebucht.
- Lohnsteuer, Solidaritätszuschlag und Kirchensteuer werden vom Arbeitgeber für den Arbeitnehmer bis zum 10. des folgenden Monats an das Finanzamt abgeführt. Bis dahin werden die entsprechenden Beträge auf das passive Bestandskonto Sonstige Verbindlichkeiten gegenüber dem Finanzamt gebucht.
- Der Arbeitgeber behält ebenfalls den Arbeitnehmeranteil zur Sozialversicherung ein und führt ihn bis zum 15. des Folgemonats zusammen mit dem Arbeitgeberanteil an die Krankenkasse ab. Bis dahin werden diese Beträge auf dem passiven Bestandskonto Verbindlichkeiten gegenüber Sozialversicherungsträger (SV-Verbindlichkeiten) erfasst.
- Der Arbeitgeberanteil zur Sozialversicherung ist ein Kostenfaktor für das Unternehmen, daher muss er als Aufwand auf dem Aufwandskonto Arbeitgeberanteil zur Sozialversicherung gebucht werden.

Buchungen von Gehaltsabrechnungen

a) Banküberweisung des Gehaltes:
   Gehälter
   an FB-Verbindlichkeiten
   an SV-Verbindlichkeiten
   an Bankguthaben

b) Arbeitgeberanteil zur Sozialversicherung:
   Arbeitgeberanteil zur Sozialversicherung
   an SV-Verbindlichkeiten

c) Banküberweisung von Lohn- und Kirchensteuer sowie Solidaritätszuschlag:
FB-Verbindlichkeiten
an Bank

d) Banküberweisung der Sozialversicherungsbeiträge:
SV-Verbindlichkeiten
an Bank

Vorschüsse

▶ Sind im Voraus gezahlte Geldleistungen (Forderungen) an die Mitarbeiter. Am Ende der Abrechnungsperiode werden sie mit dem Gehalt verrechnet.

Buchung bei Vorschussgewährung:
Forderungen an Mitarbeiter
an Kasse

Buchung am Ende der Abrechnungsperiode:
Gehälter
an FB-Verbindlichkeiten
an SV-Verbindlichkeiten
an Forderungen an Mitarbeiter
an Bank

Vermögenswirksame Leistungen

▶ Sind nach dem Vermögensbildungsgesetz vom 1. Januar 1999 staatlich geförderte Sparleistungen. Wenn sie vom Arbeitgeber getragen werden, sind sie buchhalterisch unter dem Konto Sonstige vertragliche Aufwendungen erfasst.

Sie können gezahlt werden:
- allein vom Arbeitgeber
- allein vom Arbeitnehmer
- von beiden zu bestimmten Anteilen

Anlagewirtschaft

Anlagevermögen

- **Immaterielles**
  - Lizenzen
  - Patente
- **Sachanlagen**
  - Grundstücke
  - Immobilien
- **Finanzanlagen**
  - Beteiligungen
  - Wertpapiere

Aktivierungspflichtige Anschaffungskosten fallen gemäß § 255 Abs. 1 HGB bei der Anschaffung von Vermögensgegenständen an.

Dabei werden die Anschaffungsnebenkosten (Fundamentierungskosten, Montagekosten) und die Anschaffungskostenminderungen (Rabatte, Skonti) berücksichtigt.

Beispiel:

Anschaffungspreis (netto)
+ Anschaffungsnebenkosten
– Anschaffungskostenminderungen
= Aktivierungspflichtige Anschaffungskosten

Buchung

Technische Maschinen
Vorsteuer
an Verbindlichkeiten

Abschreibungen = Erfassung des gemäß § 253, Abs. 1, 2, S. 2 HGB Wertminderung abnutzbaren Vermögens im Rechnungswesen. Gebäude, Maschinen usw. erfahren z. B. durch technischen Fortschritt eine Entwertung. Diese Entwertung muss im Jahresabschluss bei der Darstellung der Vermögenswerte in der Bilanz und der Ertragslage in der GuV-Rechnung erfasst werden. Abschreibungen stellen Aufwendungen im Sinne eines Güterverbrauches dar, der in der GuV-Rechnung zu einer Minderung des Gewinnes führt. Die Abschreibung führt gleichzeitig zu einer Verminderung des Vermögenswertes in der SB eines Unternehmens.

Methoden

Lineare Abschreibung

- jährliche Abschreibung von den Anschaffungs- bzw. Herstellkosten
- Abschreibung in gleichbleibenden Jahresbeträgen
- jährlicher Abschreibungsbetrag:

$$\frac{\text{Anschaffungs-/Herstellkosten}}{\text{Nutzungsdauer}}$$

- Abschreibungsprozentsatz:
  100 % : Nutzungsdauer

Degressive Abschreibung

- jährliche Abschreibung vom Buch- oder Restwert
- Abschreibung in fallenden Jahresbeträgen

- maximale Abschreibungshöhe gemäß § 7 Abs. 2 EStG:
- das Doppelte der linearen Abschreibung
- maximal 20 %

Wechsel der Abschreibungsmethode

Nach § 7 Abs. 3 EStG ist ein Wechsel der Abschreibungsmethode möglich: von degressiv zu linear.

Wechselzeitpunkt:
Restwert/Restnutzungsdauer > Abschreibungsbetrag bei fortgeführter degressiver Abschreibung

Buchung der Abschreibung

► Die Abschreibung wird auf dem entsprechenden Sachkonto vorgenommen. Dadurch wird auf dem Sachanlagekonto und in der SBK nur der jeweilige Buchwert ausgewiesen.

Abschreibungen auf Sachanlagen an Fuhrpark

Erinnerungswert

Am Ende der Nutzungsdauer bleibt der Vermögensgegenstand mit einem sogenannten Erinnerungswert in der Buchhaltung bestehen (1,00 EUR).

Geringwertige Wirtschaftsgüter

► Sind Güter, die geringer als 410,00 EUR wert sind, abnutzbar, beweglich, selbstständig nutzbar, selbstständig bewertbar (§ 6 Abs. 2 EStG).

Buchungen

GWG werden auf dem Konto Geringwertige Wirtschaftsgüter gebucht, am Ende des Jahres kann der Unternehmer das GWG voll abschreiben oder planmäßig über die Jahre der Nutzung abschreiben.

Buchung beim Einkauf

GWG
Vorsteuer
an Verbindlichkeiten

Buchung bei Vollabschreibung

Abschreibungen auf GWG
an GWG

9.1.10 Jahresabschluss

Jahresabschluss

- **bei Einzelunternehmen**
  - Bilanz
  - Gewinn-/Verlustrechnung
  - Anhang
- **bei Kapitalgesellschaften**
  - Bilanz
  - GuV

Jahresabschlussarbeiten

- Aufwendungen und Erträge zeitlich abgrenzen
- Inventur und Inventar aufstellen
- Hauptabschluss-Konten abschließen
- vorbereitende Abschlussbuchungen:

a) Inventurdifferenzen erfassen

b) Unterkonten über Hauptkonten abschließen

c) Abschreibungen buchen

d) Bilanz sowie Gewinn- und Verlustrechnung aufstellen

Zeitliche Abgrenzung

Ziel

Da der Unternehmenserfolg periodengerecht und periodenvergleichbar ermittelt werden muss, müssen die Aufwendungen und Erträge dem Geschäftsjahr zuzuordnen sein, in dem sie angefallen sind (§ 252 Abs. 1 Ziffer 5 HGB).

Zeitliche Abgrenzung

- **Vorwegnehmende Positionen**
  - Sonstige Forderungen
- **Transitorische Posten**
  - Aktive ReAbgrP

Sonstige Verbindlichkeiten/Sonstige Forderungen = Erträge, die sich wirtschaftlich auf das alte Jahr beziehen, aber erst im neuen Jahr zu einer Einnahme führen.	Man erhält Miete für Dezember erst im darauffolgenden Januar. 1) Sonstige Forderungen an Mieterträge 2) SBK an Sonst. Ford. Mieterträge an GuV 3) Eröffnungsbuchung: Sonstige Ford. an EBK 4) Bank an Sonstige Forderungen
Sonstige Verbindlichkeiten = Aufwendungen, die sich wirtschaftlich auf das alte Jahr beziehen, aber erst im neuen Jahr zu einer Ausgabe führen.	Man muss Miete für Dezember zahlen, tut dies aber erst im darauffolgenden Januar: Mietaufwend. an Sonst. Verb. 1) Sonstige Verb. an SBK GuV an Mietaufw. 2) EBK an Sonst. Verb. 3) Sonstige Verbindl. Mietaufwendungen an Bank

Aktive Rechnungsabgrenzung (ARA) = Aufwendungen, die wirtschaftlich vollständig oder teilweise das neue Jahr betreffen, die aber schon im alten Jahr zu einer Ausgabe führten. Sie werden auf dem aktiven Bestandskonto gebucht. Die Aufwendungen werden dann im neuen Jahr wirksam.	Mietzahlung Januar im vorhergehenden Dezember 1) ARA an Bank 2) SBK an ARA 3) ARA an EBK 4) Mietaufw. an ARA
Passive Rechnungsabgrenzung (PRA) = Erträge, die wirtschaftlich vollständig oder teilweise das neue Jahr betreffen, die aber schon im alten Jahr zu Einnahmen führten. Sie werden auf dem passiven Bestandskonto gebucht. Die Erträge werden dann im neuen Jahr wirksam.	Buchungen: 1) Zinszahlung im alten Jahr Bank an Zinserträge an PRA 2) PRA an SBK Zinserträge an GuV 3) EBK an PRA 4) PRA an Zinserträge

Rückstellungen = Verbindlichkeiten für Aufwendungen, die am Bilanzstichtag noch nicht feststehen, weder in Höhe und Fälligkeit. § 249 HGB regelt, für welche Zwecke Rückstellungen gebildet werden dürfen. Auf der Passivseite dürfen Pensions-, Steuer- und Sonstige Rückstellungen ausgewiesen werden.	Buchungen: wahrscheinliche Notariatskosten Buchung im alten Jahr: Notarhonorar an Sonstige Rückstellungen Buchungen im neuen Jahr: Sonstige Rückstellungen an Bank an Erträge aus der Auflösung von Rückstellungen

Tatsächliche Kosten > Rückstellung = periodenfremder Aufwand

Tatsächliche Kosten < Rückstellung = Ertrag aus der Auflösung von Rückstellungen

9.1.11 Bewertung von Umlauf- und Anlagevermögen

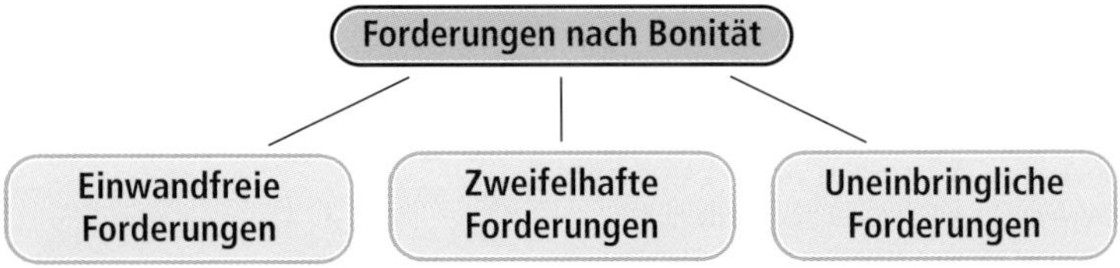

Einwandfreie Forderungen

▶ Forderungen, die mit dem Rechnungsbetrag (brutto) in der Bilanz abgebildet werden

Zweifelhafte Forderungen

▶ Forderungen, die mit ihrem wahrscheinlichen Wert in der Bilanz aufgezeichnet werden. In einem ersten Schritt werden diese umgebucht zu Zweifelhafte Forderungen. In einem weiteren Schritt werden sie indirekt auf dem passiven Bestandskonto Einzelwertberichtigung zu Forderungen in Höhe des wahrscheinlichen Ausfalls abgeschrieben. Die Gegenbuchung erfolgt auf dem Aufwandskonto Einstellung in die Einzelwertberichtigung. Die Abschreibung errechnet sich vom Nettowert der Forderung.

Umbuchung der zweifelhaften Forderungen
an Forderungen a. LL.

Einstellung in die Einzelwertberichtigung
an Einzelwertberichtigung zu Forderungen

Uneinbringliche Forderungen

▶ Forderungen, die der Kunde nicht mehr erbringt, d. h., sie werden nicht in der Bilanz ausgewiesen, sondern abgeschrieben. Sie werden im ersten Schritt von Forderungen auf Zweifelhafte Forderungen umgebucht, in einem zweiten Schritt dann abgeschrieben.

Buchungen

Umbuchungen der Forderungen
Zweifelhafte Forderungen
an Forderungen

Direkte Abschreibungen

Abschreibungen auf Forderungen
Umsatzsteuer
an Zweifelhafte Forderungen

Bewertung von Vorräten

Vorräte ▶ Bestände an Roh-, Hilfs- und Betriebsstoffen, Bestände an Fremdbauteilen, Bestände an Handelswaren, Bestände an fertigen und unfertigen Erzeugnissen

Bewertungsgrundsätze

- Einzelbewertung, u. U. Sammelbewertungsverfahren
- Tageswert < Wert gemäß Sammelbewertung = Tageswert
- Tageswert > Wert gemäß Sammelbewertung = Wert gemäß Sammelbewertung (strenges Niederstwertprinzip)

Verfahren der Sammelbewertung

Festwert

▶ Die Bestände von Werkstoffen und Handelswaren können gemäß § 240 Abs. 3 HGB mit einem Festwert in der Bilanz angesetzt werden, wenn folgende Bedingungen erfüllt sind:

- Größe, Wert, Zusammensetzung dürfen nur gering variieren; der Gesamtwert ist von nachrangiger Bedeutung.
- Die Vermögensgegenstände müssen ständig ersetzt werden.

Gewogener Durchschnitt = Permanenter gewogener Durchschnitt

Verbrauchsfolgeverfahren

Lifo-Verfahren = Last in – first out: Die zuletzt gekauften Vorräte kommen zuerst in die Fertigung.	Fifo-Verfahren = First in – first out: Die zuerst gekauften Vorräte kommen zuerst in die Fertigung.	Hifo-Verfahren = Highest in – first out: Die Vorräte mit den höchsten Anschaffungskosten werden zuerst verbraucht.
Bilanzansatz: 10 t x 8,00 EUR = 80,00 EUR 10 t x 9,00 EUR = 80,00 EUR 20 t = 160,00 EUR		
Handels- und steuerrechtlich zulässig	Handelsrechtlich zulässig	Handelsrechtlich zulässig

Bewertung von Verbindlichkeiten

Verbindlichkeiten sind mit ihrem Zahlungs- oder Rechnungsbetrag (brutto) inklusive Umsatzsteuer in der Bilanz auszuweisen.

Hauptabschlussübersicht

▶ Dient zur Überprüfung der Richtigkeit der Buchungen, Ausgleichsbuchungen zwischen Inventur- und Buchbeständen, Bewertungsfragen zum Durchführen von z. B. Abschreibungsbuchungen und der Buchung von zeitlichen Abgrenzungen. Dazu dient ein Bogen mit:

- Summenbilanz (Summen der Soll- und Habenseite aller Konten)
- Saldenbilanz I (Errechnung der Salden der einzelnen Konten)
- Umbuchungen (Abschreibungen, Bestandsveränderungen, Bewertungskorrekturen u. a.)
- Saldenbilanz II (Salden aus Saldenbilanz I und Umbuchungen)
- Inventurbilanz (Salden der Bestandskonten werden in die Inventurbilanz übertragen)
- Erfolgsbilanz (entspricht Gewinn- und Verlustrechnung, erfasst die Salden sämtlicher Erfolgskonten)

Analyse des Jahresabschlusses

Zielsetzung

Das Zahlenmaterial aus der Bilanz wird so aufbereitet, dass Einblicke in die Vermögens-, Finanz- und Ertragslage des Unternehmens möglich sind. Mithilfe sogenannter Bilanzkennziffern ist es möglich, die Lage des Unternehmens im Zeitablauf und mit anderen Unternehmen vergleichen zu können.

Aufbereitung der Bilanz:

1. Bereinigung (Aufrechnung von Wertberichtigungen)
2. Umgruppierung (Aktive/Passive Rechnungsabgrenzung)
3. Erstellung der Strukturbilanz (Zusammenstellung nach Gruppen)

Bilanzkennziffern

Vermögensstruktur	
Anlageintensität	Anlagevermögen/Gesamtvermögen · 100
Forderungsquote	Forderungen/Gesamtvermögen · 100
Finanzstruktur	
Grad der fin. Unabhängigkeit	Eigenkapital/Gesamtkapital · 100
Anteil des kurzf. Fremdvermögens	kfr. Fremdkapital/Gesamtkapital · 100
Investition	
Deckungsgrad I	Eigenkapital/Anlagevermögen · 100
Deckungsgrad II	Eigenkapital + langfr. Fremdkapital/ Anlagevermögen · 100
Liquidität	
Liquiditätsgrad I (Barliquidität)	Liquide Mittel/Kurzfristige Verbindlichkeiten · 100
Liquiditätsgrad II	Liquide Mittel + Forderungen/Kurzfristige Verbindlichkeiten · 100
Liquiditätsgrad III	Umlaufvermögen/Kurzfristige Verbindlichkeiten · 100

Rentabilität	
Verzinsung des eingesetzten Kapitals, die den Erfolg des Unternehmens zum Ausdruck bringt	
Eigenkapitalrentabilität	Unternehmensgewinn[1]/Eigenkapital · 100
Gesamtkapitalrentabilität	Unternehmensgewinn + Fremdkapitalzinsen/Gesamtkapital
Umsatzrentabilität	Unternehmensgewinn/Umsatz · 100
Cashflow = Liquiditätsfluss: gibt die Selbstfinanzierungskraft des Unternehmens an sowie welche selbst erwirtschafteten Mittel des Geschäftsjahres dem Unternehmen für Investitionen, Schuldentilgung und Gewinnausschüttung zur Verfügung stehen.	Jahresüberschuss + Abschreibungen + Zuführungen zu langfristigen Rückstellungen = Cashflow
Wirtschaftlichkeit Verhältnis von Aufwendungen zu Erträgen	Aufwendungen/Erträge

9.2 Kosten- und Leistungsrechnung

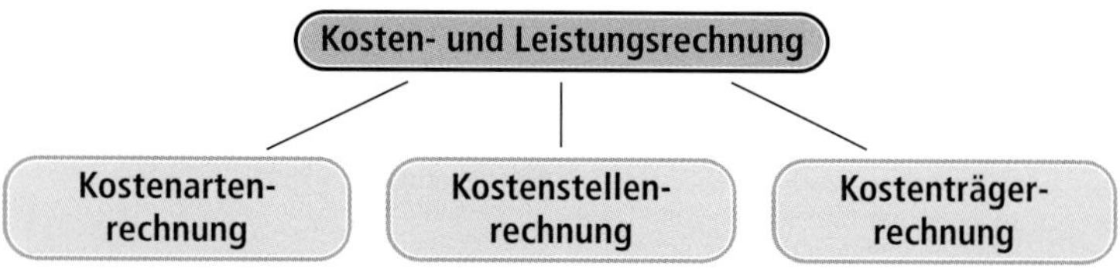

Tätigkeiten Kosten- und Leistungsrechnung

1. Ermittlung des Jahres-Betriebsergebnisses
2. Ermittlung von monatlichen Betriebsergebnissen
3. Regelmäßige Überprüfung der Wirtschaftlichkeit
4. Kontrolle der Selbstkosten
5. Kontrolle der Herstellungskosten
6. Kostenermittlung als Planungs- und Entscheidungsgrundlage

---

[1] *Unternehmensgewinn = Bereinigter Unternehmensgewinn – außerordentliche Erträge + außerordentliche Aufwendungen*

Vollkostenrechnung

- erfasst die im Monat angefallenen Leistungen
- stellt den Kostenverbrauch fest
- kalkuliert kostendeckende Preise
- ermittelt das Betriebsergebnis

→ Basiert auf verursachungsgerechter Zuteilung von Erzeugnissen

9.2.1 Kostenartenrechnung

▶ Stellt die für die jeweiligen Zwecke der Vorkalkulation notwendigen Kosten zur Verfügung. Voraussetzung ist die vollständige Erfassung der in einer Periode angefallenen Kosten und Leistungen. Die Zahlen werden aus der Geschäftsbuchführung übernommen.

Grundsätze

- periodengerechte Erfassung (kurzfristige zeitliche Abgrenzung)
- Erfassung der kalkulatorischen Kosten
- geordnete Erfassung (Einzel-/Gemeinkosten, variable/fixe Kosten)
- Bewertung der Kostengüter in Euro

Kostenrechnerische Korrekturen

Grundkosten = aufwandsgleiche Kosten
Anderskosten = aufwandsungleiche Kosten
Zusatzkosten = aufwandslose Kosten

Gliederung der Kostenarten in der Kostenrechnung

Einzelkosten: Fertigungsmaterial, Einzelkosten – der Produktion direkt zuordenbar

Gemeinkosten: Hilfslöhne, Steuern – auf das gesamte Unternehmen bezogen

Kosten/Beschäftigung

variable Kosten = Einzelkosten (abhängig von der Produktion)
fixe Kosten = Gemeinkosten (unabhängig von der Produktion)
Mischkosten = fix und variabel (Teil der Gemeinkosten)

Kalkulatorische Zinsen

▶ Kosten für die Nutzung von betriebsnotwendigem Kapital

Zinsen für Fremdkapital werden auf die Preise umgelegt. Damit wird eine Gleichstellung aller Betriebe in Selbstkostenrechnung erreicht. In der

Kosten- und Leistungsrechnung werden anstatt der tatsächlich gezahlten Zinsen kalkulatorische Zinsen angesetzt.

  Betriebsnotwendige Anlagevermögen
– Betriebsnotwendige Umlaufvermögen
= Betriebsnotwendiges Vermögen

Kalkulatorische Abschreibungen

▶ Kosten, die die tatsächliche Wertminderung der Anlagegegenstände erfassen. Sie werden immer von Wiederbeschaffungskosten berechnet und gehen in die Kalkulation sowie in die Betriebsergebnisrechnung ein. Ihre Erstattung über Verkaufserlöse sichert der Unternehmung die Kapitalsubstanz.

Kalkulatorischer Unternehmerlohn

Bei der AG und GmbH erhalten die Geschäftsführer Gehälter, die in der Kosten- und Leistungsrechnung enthalten sind. Bei Einzelunternehmern und Personengesellschaften wird die Arbeitsleistung mit dem Gewinn abgegolten.

Kalkulatorische Wagnisse

- allgemeines Unternehmerrisiko (Fortschritt)
- spezielle Unternehmerrisiken:
- Entwicklungs-, Vertriebswagnis-, Anlage-, Bestände-, Fertigungs-, Gewährleistungsrisiken

9.2.2 Kostenstellenrechnung

▶ 2. Stufe der Kosten- und Leistungsrechnung

▶ Übernimmt die Kostenarten aus der Kostenartenrechnung und weist alle Kosten, die nicht unmittelbar der betrieblichen Leistung zugerechnet werden können, anteilig und verursachungsgerecht den Stellen im Unternehmen zu, an denen sie bei der Leistungserstellung und -verwertung entstanden sind (Kostenstellen). Von den Kostenstellen her ist eine verursachungsgerechte Zuteilung dieser Kosten auf die Kostenträger gewährleistet.

Einzelkosten: direkt aufgrund von Belegen zuordenbar

Gemeinkosten: nicht direkt zuordenbar, entstehen in der Verwaltung

Selbstkosten: Einzelkosten + Gemeinkosten = Selbstkosten gesamt/Menge = Selbstkosten/Stück

Kostenstellen-Einzelkosten

▶ Teil der Gemeinkosten kann aufgrund von Belegen direkt den Kostenstellen zugeordnet werden, z. B. Gemeinkostenmaterial – Materialentnahmeschein

Kostenstellen-Gemeinkosten

▶ Werden mithilfe von Verteilungsschlüsseln indirekt auf Kostenstellen umgelegt (Steuern, Versicherungen u. a.)

Kostenstellen-Zuschlagssatz

▶ Für jede Kostenstelle wird aus den erfassten Einzelkosten und entfallenen Gemeinkosten ein Zuschlagssatz errechnet, der die anteilige Zurechnung der Gemeinkosten auf die Kostenträger ermöglicht.

Kostenstellen

▶ Alle Tätigkeits- und Verantwortungsbereiche, die eine organisatorische Einheit bilden und die in den Prozess der Leistungserstellung und -verwertung eingebunden sind

Betriebsabrechnungsbogen

Aufgaben

- Übernahme der Gemeinkostenarten
- Verteilung auf die Kostenstellen, wo sie entstanden sind
- Errechnung der Zuschlagssätze
- Überwachung der Gemeinkosten

9.2.3 Kostenträgerstückrechnung = Kalkulation

▶ Hier werden die Selbstkosten für einzelne Kostenträger (Produkte) ermittelt. Benötigt wird diese Kalkulation aus folgenden Gründen:

a) Berechnung von Angebotspreisen (Vorkalkulation)

b) Kontrolle der Kostenhöhe der Stellengemeinkosten (Nachkalkulation)

c) Entscheidung über Annahme von Aufträgen (Preis = variable Kosten → Deckungsbeitragsrechnung)

Kalkulationsarten

a) Zuschlagskalkulation (Einzel- oder Serienfertigung): geht von den Einzelkosten (Fertigungsmaterial und -löhne) aus und führt durch schrittweise Berechnung der entsprechenden Gemeinkosten über Gemeinkostenzuschlagssätze zu Selbstkosten
b) Divisionskalkulation Selbstkosten = Gesamtkosten ∕. Menge (geeignet für ein einheitliches Erzeugnis)
c) Kalkulation mit Äquivalenzkennziffern (Sortenfertigung): Aus Erfahrungswerten werden Verhältniszahlen gebildet, die die unterschiedlichen Sorten widerspiegeln (Äquivalenzkennziffern).
d) Istkostenrechnung: eignet sich nicht für Angebotskalkulation, weil sie mit Vergangenheitswerten und mit schwankenden Zuschlägen arbeitet; sie ist Grundlage für die Nachkalkulation
e) Normalkostenrechnung: Durchschnittskosten (ergeben sich aus den Istkosten der Vergangenheit)

Kostenträgerzeit- und Ergebnisrechnung

Aufgaben und Ziele

- Erfassung aller Einzel- und Gemeinkosten insgesamt und getrennt für jede Produktart
- Errechnung der Herstellkosten jeder Produktgruppe
- Errechnung der Selbstkosten (Kontrolle von Wirtschaftlichkeit und Rentabilität
- Ermittlung des Betriebsergebnisses (Grundlage für kurzfristige Erfolgsrechnung)

Normal- und Istkosten decken sich in der Regel nicht. Daher kommt es zu einer Kostenüberdeckung oder -unterdeckung. Bei der Überdeckung liegen die verrechneten Normalkosten über den Istkosten. Die kalkulierten Selbstkosten sind größer als die wirklich entstandenen Kosten. Bei einer Unterdeckung ist es umgekehrt.

Aufgaben des Kostenträgerblattes

- Ermittlung des Anteils der Erzeugnisgruppen an Gesamtkosten
- Ermittlung des Anteils der Erzeugnisgruppen am Umsatzergebnis
- Feststellung von kurzfristigen Ergebnissen

Deckungsbeitragsrechnung = Direct Costing

▶ Rechenverfahren der Kostenrechnung (Kostenträgerrechnung), bei der von den Erlösen die variablen Kosten abgezogen werden, um die Fixkosten zu ermitteln

Umsatzerlöse
– variable Kosten
= Deckungsbeitrag
– fixe Kosten
= Betriebsergebnis

9.2.4 Controlling

▶ Wichtiges Planungs-, Entscheidungs-, Informations- und Führungsinstrument durch ergebnisorientierte Planung, Steuerung und Überwachung des Unternehmens. Man unterscheidet grundsätzlich:

Operatives Controlling	Strategisches Controlling
Unmittelbare Kontrolle und Abweichungsanalyse durch quantitative Informationen	Langfristige, planerische Funktion durch qualitative Informationen

Controlling als Regelkreis

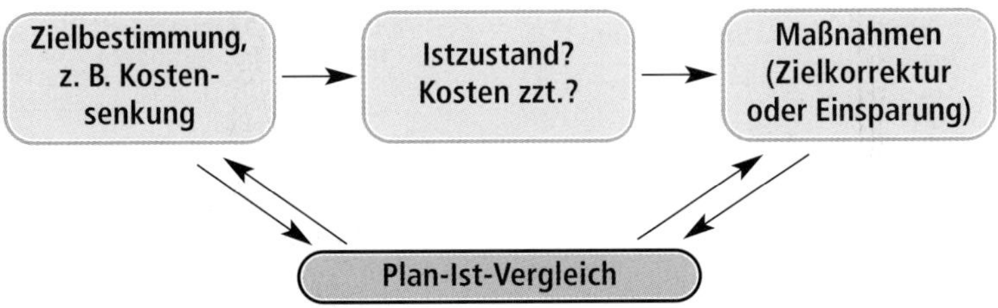

9.3 Statistik

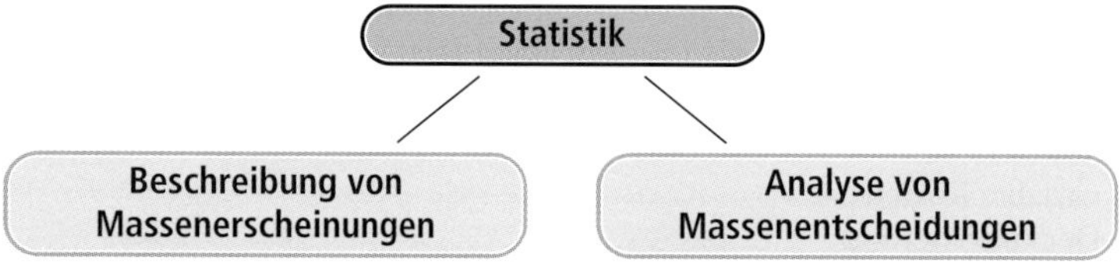

Ziele	Beispiele
- Information über Sachverhalte - Kontrolle der Wirtschaftlichkeit durch Vergleiche - Grundlage für Entscheidungsfindungen	- Verkaufsstatistiken - Monatsstatistiken - Personalstatistiken - Fluktuation

9.4 Planungsrechnung

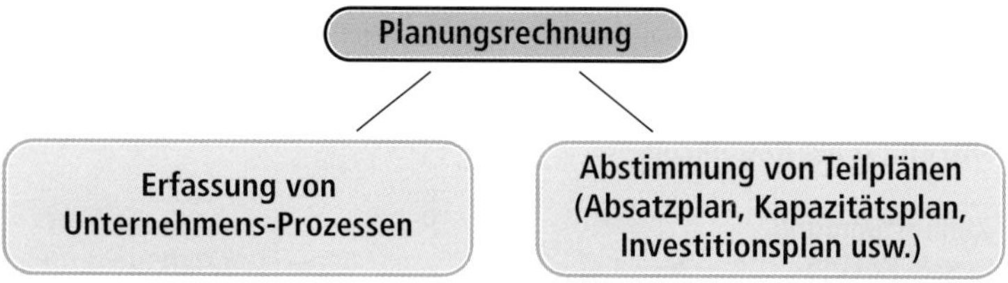

Plankostenrechnung

▶ Kostenrechnung mit geplanten Kosten. Man unterscheidet starre Plankostenrechnung und flexible Plankostenrechnung (auf Vollkostenbasis) und Grenzplankostenrechnung (Teilkostenbasis). Die Prognose der Daten für die Zukunft kann auf den Daten für die Vergangenheit oder aufgrund eines Szenarios für die Zukunft erstellt werden.

Verfahren der Kostenkontrolle

Istkosten mit Plankosten	Istkosten mit Normalkosten	Istkosten mit Istkosten
zukunftsorientiert	vergangenheitsorientiert	vergangenheitsbezogen
Kostenabweichungen werden auf Ursachen zurückgeführt.	Feststellung von Kostenüber- bzw. -unterdeckung	Einflussfaktoren auf Kostenveränderungen werden nicht berücksichtigt.

10 Steuern und Versicherungen

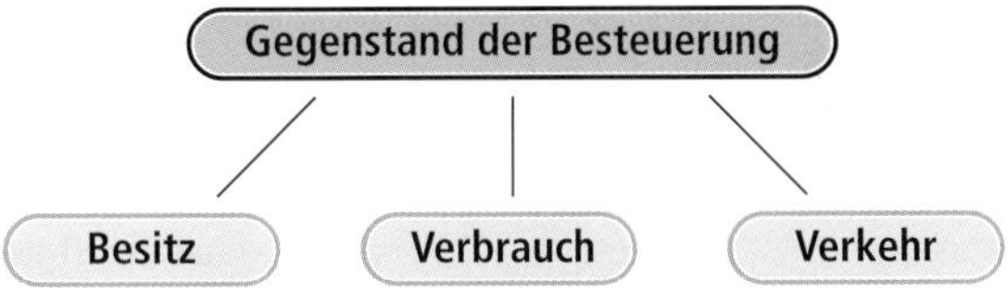

Berechnung des zu versteuernden Einkommens

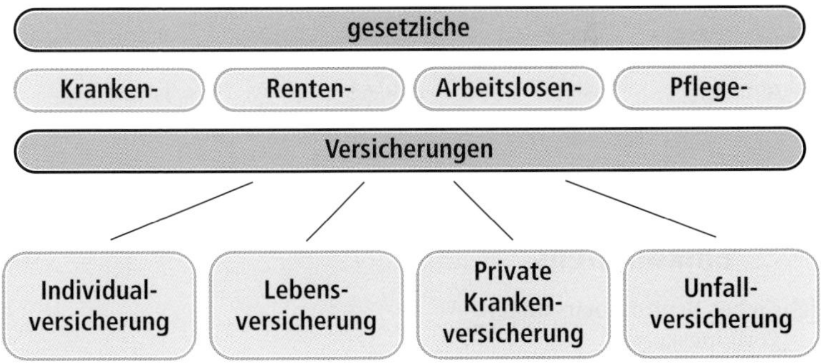

▶ Steuern: Zwangsabgaben an den Staat ohne direkte Gegenleistung. Man unterscheidet jeweils nach Besteuerungsgrundlage:

Gegenstand der Besteuerung

Besitzsteuern	Verbrauchssteuern	Verkehrssteuern
Diese Steuerart bezieht sich auf das Vermögen von natürlichen und juristischen Personen.	Diese Steuern beziehen sich auf den Konsum von Gebrauchs- und Verbrauchsgütern.	Diese Steuern beziehen sich auf Rechtsgeschäfte.
- Einkommensteuer - Körperschaftsteuer	- Mineralölsteuer - Tabaksteuer - Branntweinsteuer	- Umsatzsteuer - Grunderwerbsteuer

Art der Erhebung

Direkte Steuern, z. B. Lohnsteuer, Grundsteuer	Indirekte Steuern, z. B. Umsatzsteuer, Tabaksteuer

Steuerempfänger

Bundessteuern, z. B. Mineralölsteuer, Tabaksteuer	Landessteuern, z. B. Erbschaftsteuer, Kfz-Steuer	Gemeindesteuern, z. B. Gewerbesteuer, Hundesteuer	Gemeinschaftssteuern, z. B. Körperschaftssteuern, Umsatzsteuer

10.1 Berechnung des zu versteuernden Einkommens

Jährliches Bruttoarbeitsentgelt
– Werbungskosten
– Sonderausgaben
– außergewöhnliche Belastungen
= zu versteuerndes Einkommen

Der Steuertarif ergibt sich aus dem Steuersatz, der wiederum aus dem Grundfreibetrag und der progressiven Besteuerung besteht. Progressive Besteuerung = mit zunehmendem Einkommen nimmt auch die Steuerbelastung zu.

Werbungskosten

▶ Kosten, die infolge von z. B. Berufsausbildung und -weiterbildung entstehen: z. B. Fahrten zwischen Wohnung und Arbeitsstätte, Arbeitskleidung, Gewerkschaftsbeiträge, Fortbildungskosten, Aufwendungen für Literatur u. Ä.

Sonderausgaben

▶ Private besondere Kosten, die das zu versteuernde Einkommen mindern, z. B. Kirchensteuer, Spenden, Vorsorgeaufwendungen, Haushaltshilfen, Bausparbeiträge

Außergewöhnliche Belastungen

▶ Bedeutend höhere private Belastungen als der Durchschnitt, z. B. Aufwendungen zur Betreuung behinderter Kinder

Lohnsteuerklassen

I	Nicht verheiratete, verwitwete, geschiedene Arbeitnehmer; verheiratete Arbeitnehmer, die ständig getrennt leben; Alleinerziehende
II	Diese Steuerklasse entfällt mit der Abschaffung des Haushaltsfreibetrages seit 2005. Alleinerziehende fallen somit unter Steuerklasse I.
III	Verheiratete Arbeitnehmer, deren Ehegatte keinen Arbeitslohn bekommt bzw. verheiratete Arbeitnehmer, deren Ehegatte Arbeitsentgelt bezieht und nach Steuerklasse V besteuert wird
IV	Verheiratete Arbeitnehmer
VI	Arbeitnehmer mit zusätzlichem Arbeitsverhältnis, bei Nichtvorliegen einer zweiten Lohnsteuerkarte

Umsatzsteuer

▶ Alle Verkaufsvorgänge von Waren und Dienstleistungen unterliegen der Umsatzsteuer. Der Umsatzsteuersatz beträgt zzt. gemäß § 16 UStG 19 % des Warenwertes. Es gilt eine ermäßigte Steuer für Lebensmittel, Bücher, Zeitungen, Personennahverkehr, kulturelle Veranstaltungen (7 %). Getragen wird die Umsatzsteuer vom Endverbraucher, vom Hersteller zum Endverbraucher ist sie ein sogenannter „durchlaufender Posten".

Ökosteuer

▶ 1999 eingeführte Steuer zur Erhöhung der Mineralölsteuer und zur Neuregelung der Stromsteuer

$$\text{Steuerquote} = \frac{\text{Gesamte Steuerzahlung eines Jahres} \cdot 100}{\text{Bruttoinlandsprodukt des Kalenderjahres}}$$

10.2 Versicherungen

Begriffe rund um Versicherungen

Risiko	Gefahr um ein negatives Ereignis
Risiko-Gefahrengemeinschaft	Zusammenschluss von Menschen, die von dem gleichen Risiko bedroht sind
Versicherungsfall	Ein genau festgelegtes Ereignis
Prämie	Preis für die Deckung im Schadensfall; Rechtsanspruch auf Leistungen im Versicherungsfall

10.2.1 Versicherungsarten

Individualversicherung	Gesetzliche Sozialversicherung
Lebensversicherung	Krankenversicherung
Hausratversicherung	Rentenversicherung
Private Krankenversicherung	Arbeitslosenversicherung
Private Rentenversicherung	Unfallversicherung
Haftpflichtversicherung	Pflegeversicherung

10.2.2 Gesetzliche Versicherungen (Merkmale)

- Alle Arbeitnehmer sind pflichtversichert (50 % Arbeitgeber/50 % Arbeitnehmer, ausgenommen Krankenversicherungsbeiträge).
- Beiträge richten sich nach dem Bruttolohn und dem Beitragssatz. In der gesetzlichen Unfallversicherung sind auch Schüler/-innen, Nothelfer/-innen u. a. versichert.
- Die Beiträge zur Unfallversicherung richten sich nach Gefahrenklasse und Gehaltshöhe. Sie zahlt allein der Arbeitgeber.

Gesetzliche Versicherungen im Überblick

Versicherungsart	Träger	Leistungsfall	Leistungen
Krankenversicherung	Krankenkassen	Schwangerschaft, Krankheit	Arzt-/Zahnarzt-behandlungen, Krankengeld, Rehabilitation, Arznei- und Verbandsmittel, Mutterschaftsgeld, Krankenhaus-behandlung u. a.
Pflegeversicherung	Pflegekasse der jeweiligen Kranken-kasse	Pflegebedürftigkeit Pflegestufe I–III	Pflegegeld, stationäre Pflege
Unfallversicherung	Berufsgenossen-schaft, Gemeinde-unfallversicherungs-verbände	Arbeitsunfall, Wege-unfall, Berufserkran-kung	Präventive Maßnah-men am Arbeits-platz, Berufsförde-rung und Rehabili-tation, Renten an Witwen und Waisen
Arbeitslosen-versicherung	Arbeitsagentur	Berufslosigkeit, Arbeitslosigkeit	Berufsberatung, Arbeitsvermittlung, Insolvenzausfallgeld, Kurzarbeitergeld, Arbeitslosengeld I und II
Rentenversicherung	Deutsche Renten-versicherung Bund	Alter, Tod, Erwerbs-unfähigkeit	Rehabilitation, Witwen- und Waisenrente, Altersrenten

11 Rechtliche Grundlagen des Wirtschaftsprozesses

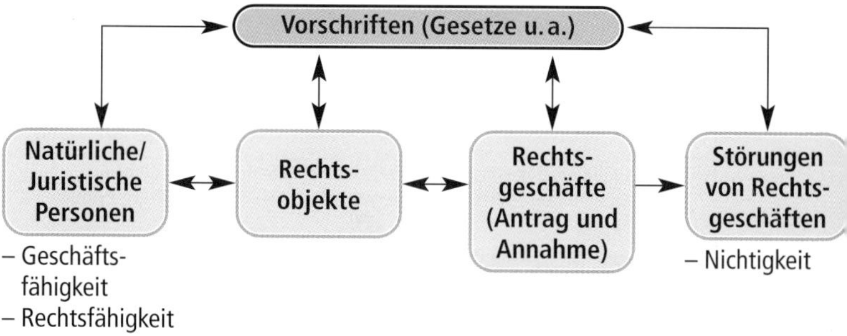

11 Rechtliche Grundlagen des Wirtschaftsprozesses

11.1 Rechtsvorschriften

Völkerrecht	Charta der UNO (als Vertrag)
EU-Recht	Vertrag von Lissabon
Grundgesetz	Meinungsfreiheit
Gesetz	Bürgerliches Gesetzbuch
Verordnung	Lebensmittelhygieneverordnung
Haftpflichtversicherung	Pflegeversicherung
Satzung	Bundestagssatzung
Gerichtsurteil	richterliche Entscheidung

11.2 Rechtssubjekte

Natürliche Personen (§ 1 BGB) = Menschen, Rechtsfähigkeit beginnt mit der Vollendung der Geburt und endet mit dem Tod (Rechtsfähigkeit eines **Ausländers** nach Recht des Heimatstaates)	**Juristische Personen** (§§ 21 ff BGB, § 6 HGB) = Personenvereinigungen oder Vermögensmassen, die aufgrund gesetzlicher Regelungen rechtsfähig sind. - des Privatrechts, z. B. e. V., AG, GmbH - des öffentlichen Rechts Die Rechtsfähigkeit beginnt mit Gründungsakt und konstitutiver Eintragung z. B. in das Handelsregister und endet mit der Liquidation.

Geschäftsfähigkeit

▶ Fähigkeit, Rechtsgeschäfte wirksam abzuschließen

- Geschäftsunfähig sind Minderjährige bis zum 7. Lebensjahr und dauerhaft psychisch oder geistig Beeinträchtigte.
- Beschränkt geschäftsfähig sind Minderjährige vom vollendeten 7. bis zum vollendeten 18. Jahr.

- Teilgeschäftsfähig sind Minderjährige, denen der gesetzliche Vertreter den Betrieb eines Erwerbsgeschäftes gestattet hat oder im Rahmen eines erlaubten Dienst- und Arbeitsverhältnisses.
- Unbeschränkt geschäftsfähig sind Volljährige ab 18. Lebensjahr (soweit nicht abweichend geregelt)

Rechtsobjekte

Sachen (körperlich)		Rechte (nicht körperlich)	
Unbeweglich (Grundstücke)	Beweglich Gattungsware (Neuware) Stückware (Individualware)	Schuldrechte (Verbindlichkeiten)	Sachenrechten (Patente)

Besitz und Eigentum und deren Übergang

Besitz = faktische, gewollte Herrschaft über eine Sache, Innehabung		Eigentum = absolutes Recht an einer Sache	
Rechtmäßig = Leihe	Unrechtmäßig = Diebstahl	Unbewegliche Sache = Kauf eines Hauses, Eintrag ins Grundbuch	Bewegliche Sache = Einigung und Übergabe, Kaufvertrag

Formen von Rechtsgeschäften

- Grundsätzlich sind alle Rechtsgeschäfte formfrei.
- formgebundene Rechtsgeschäfte, z. B. Bürgschaft, öffentliche Beglaubigung, notarielle Beurkundung (bei Grundstücksverkäufen)

Zustandekommen von Rechtsgeschäften

▶ Rechtsgeschäfte kommen durch *Antrag* und *Annahme* zustande, wenn zwei übereinstimmende Willenserklärungen vorliegen.

Antrag ist bindend, außer:

- bei unverbindlichen Angeboten
- befristet (terminlich begrenzt)
- bei rechtzeitigem Widerruf (Irrtum)

Annahme ist rechtswirksam:

- unter Abwesenden (3– 5 Tage)
- unter Anwesenden sofort (mündlich)

Ein neuer Antrag liegt vor, wenn Antrag und Annahme abgeändert oder zu spät abgeliefert werden, z. B. nicht abgesprochene Preisänderungen.

Nichtigkeit von Rechtsgeschäften

- Rechtsgeschäfte mit Geschäftsunfähigen (Kindern)
- Schein- oder Scherzgeschäfte
- Rechtsgeschäfte mit Formfehlern (Grundbucheintrag fehlt)
- Rechtsgeschäfte, die gegen ein Gesetz verstoßen (Drogenhandel)
- sittenwidrige Rechtsgeschäfte (Wucher)

Anfechtbare Rechtsgeschäfte

- Erklärungsirrtum (Zahlendreher)
- Übermittlungsirrtum (Übertragungsirrtum, falsche E-Mail)
- Drohung oder Täuschung

Verpflichtungs- und Erfüllungsgeschäft

Verpflichtung des Verkäufers	Übergabe der richtigen *Ware* an einem vorbestimmten *Ort* zur richtigen *Zeit*, in der richtigen *Art und Weise* – dann Eigentumsübertragung
Verpflichtungen des Käufers	Abnahme der Ware, Bezahlung des vereinbarten Kaufpreises

Vertragsarten

Kaufvertrag	Verbrauchsgüterkauf	Darlehensvertrag	Darlehensvermittlungsvertrag
Ratenlieferungsvertrag	Schenkungsvertrag	Mietvertrag	Pachtvertrag
Leihvertrag	Dienstvertrag (Arbeitnehmer[1]/ Arbeitgeber)	Werkvertrag (Unternehmer/ Besteller)	Reisevertrag
Gesellschaftsvertrag	Zeitarbeitsvertrag	Honorarvertrag	Behandlungsvertrag

[1] *Aus Gründen derbesseren Lesbarkeit wurde hier auf die Ergänzung der weiblichen Form verzichtet.*

Sachwortverzeichnis